VOL. 45

Dados Internacionais de Catalogação na Publicação (CIP)
(Câmara Brasileira do Livro, SP, Brasil)

Cancello, Luiz A. G.
 O fio das palavras: um estudo de psicoterapia existencial/
Luiz A. G. Cancello. – São Paulo: Summus, 1991. (Novas buscas
em Psicoterapia; v. 45)

Bibliografia.
ISBN 978-85-323-0377-6

1. Psicoterapia existencial 2. Terapeuta e paciente.
I. Título. II. Série.   CDD-616.8914
                                                                     -610.696
91-1198   NLM-WM 420

Índices para catálogo sistemático:

1. Psicoterapia existencial : Medicina   616.8914
2. Terapeutas e pacientes : Medicina   610.696

Compre em lugar de fotocopiar.
Cada real que você dá por um livro recompensa seus autores
e os convida a produzir mais sobre o tema;
incentiva seus editores a encomendar, traduzir e publicar
outras obras sobre o assunto;
e paga aos livreiros por estocar e levar até você livros
para a sua informação e o seu entretenimento.
Cada real que você dá pela fotocópia não autorizada de um livro
financia o crime
e ajuda a matar a produção intelectual de seu país.

O fio das palavras

Um estudo de psicoterapia existencial

Luiz A. G. Cancello

O FIO DAS PALAVRAS
Um estudo de psicoterapia existencial
Copyright© 1991 by Luiz A. G. Cancello
Direitos desta edição reservados por Summus Editorial

Capa: **Edmundo França/ Caso de Criação**

1ª reimpressão, 2024

Summus Editorial
Departamento editorial:
Rua Itapicuru, 613 – 7º andar
05006-000 – São Paulo – SP
Fone: (11) 3872-3322
Fax: (11) 3872-7476
http://www.summus.com.br
e-mail: summus@summus.com.br

Atendimento ao consumidor:
Summus Editorial
Fone: (11) 3865-9890

Vendas por atacado:
Fone: (11) 3873-8638
Fax: (11) 3873-7085
e-mail: vendas@summus.com.br

Impresso no Brasil

NOVAS BUSCAS EM PSICOTERAPIA

Esta coleção tem como intuito colocar ao alcance do público interessado as novas formas de psicoterapia que vêm se desenvolvendo mais recentemente em outros continentes.

Tais desenvolvimentos têm suas origens, por um lado, na grande fertilidade que caracteriza o trabalho no campo da psicoterapia nas últimas décadas, e, por outro, na ampliação das solicitações a que está sujeito o psicólogo, por parte dos clientes que o procuram.

É cada vez maior o número de pessoas interessadas em ampliar suas possibilidades de experiência, em desenvolver novos sentidos para suas vidas, em aumentar sua capacidade de contato consigo mesmas, com os outros e com os acontecimentos.

Estas novas solicitações, ao lado das frustrações impostas pelas limitações do trabalho clínico tradicional, inspiram a busca de novas formas de atuar junto ao cliente.

Embora seja dedicada às novas gerações de psicólogos e psiquiatras em formação, e represente enriquecimento e atualização para os profissionais filiados a outras orientações em psicoterapia, esta coleção vem suprir o interesse crescente do público em geral pelas contribuições que este ramo da Psicologia tem a oferecer à vida do homem atual.

NOVAS BUSCAS EM PSICOTERAPIA

SÉRIE B: NOSSAS BUSCAS

Nossas Buscas deseja se constituir num espaço aberto a ser preenchido por publicações de autores nacionais. Sem negar as dimensões universais dos problemas humanos, que independem de contingências históricas e culturais, Nossas Buscas quer deter-se sobre a maneira específica como está acontecendo entre nós a psicoterapia.

Sem se negar a autores mais antigos e mais publicados, aspira privilegiar as gerações de psicoterapeutas formados nestes últimos vinte anos. Tais gerações são oriundas das anteriores. Devem-lhes muito. É necessário que paguem esta dívida. Sobretudo, andando com as próprias pernas, pensando com a própria cabeça. Transformando em frutos o que receberam em gérmen.

Sem se tornar um veículo de modas, Nossas Buscas pretende fazer com que a atualidade em psicoterapia seja mais perceptível. Com seus erros e acertos. Facilitar a passagem do que vem para passar, possibilitar a fixação do que vier para ficar. Nossas Buscas é um desafio aos psicoterapetuas que estão em atuação.

Cresce o número de pessoas que procuram a psicoterapia. Para tentar resolver suas dificuldades e para ampliar suas possibilidades de viver. A estas pessoas se dedica, e se oferece como fonte de informação esta série B: Nossas Buscas em Psicoterapia.

Este livro é dedicado à memória do meu tio
Archimedes Pereira Guimarães

É impossível resgatar, neste espaço, todas as pessoas que foram importantes para o texto vir à luz.

Meus professores, terapeutas, amigos, alunos e clientes são, cada qual a seu modo, co-autores do livro.

Hermínio (que já se foi), Semíramis, Marco, Angela, Theo e Daniel proporcionaram as condições para o trabalho e deram sentido ao meu esforço.

Aos desatentos, o Simples parece uniforme.
MARTIN HEIDEGGER

Só se podem enumerar as aparências e se fazer sentir o clima.
ALBERT CAMUS

Os adejos mais raros se escondem nos emaranhos.
MANOEL DE BARROS[6]

Sumário

Introdução	13
Define-se psicoterapia?	15
O cliente e o terapeuta	19
A sessão	23
O sonho	35
As palavras	43
A cura e seus significados	49
Psicopatologia e cura	55
Sexualidade e cura	61
Angústia, culpa e cura	67
Um pouco de sistematização	73
A psicoterapia existencial	81
Resumo	85
Despedida	87
Notas	89
Bibliografia	103

Introdução

Este texto foi destinado inicialmente aos alunos do 4º ano de Psicologia da Universidade Católica de Santos. Nessa altura do curso são travados os primeiros embates com a diversidade de escolas de psicoterapia. Procurei contribuir para o aumento da escassa bibliografia sobre psicoterapia existencial disponível em português, escrevendo este volume.

O caráter introdutório da exposição torna seu conteúdo acessível tanto para o aluno e para o profissional da área, como para o leigo interessado na matéria.

Ao discorrer sobre psicoterapia existencial usei diversas palavras que também fazem parte do vocabulário de outras abordagens da psicologia. Para evitar mal-entendidos, alguns termos de uso freqüente precisam ser esclarecidos. Mas é conveniente avisar ao leitor não-especializado que ele pode compreender perfeitamente o texto dispensando a leitura da discussão sobre terminologia.

Usei indiferentemente as palavras "paciente" e "cliente" (e por vezes "sujeito") para indicar a pessoa que procura um psicoterapeuta e com ele se engaja no processo psicoterápico[1]. Há críticas a essa designação. Apesar disso, resolvi mantê-la, para evitar neologismos desnecessários.

As palavras "psicoterapia", "terapia" e, algumas vezes, "tratamento", também foram usadas sem distinção. A alternância de uso visa unicamente tornar o texto não-repetitivo. O mesmo se aplica a "psicoterapeuta" e "terapeuta".

Mais delicado é o emprego das palavras "significado" e "sentido". Inicialmente é preciso deixar claro que "significado" não foi usado na acepção conferida pela lingüística[2] e pela psicanálise lacaniana[3]. Se algum formalismo é necessário, prefiro defini-lo como "núcleo idêntico na multiplicidade de vivências individuais"[4]. No correr do texto a compreensão do termo irá adquirindo maior leveza e flexibilidade.

"Sentido" é aqui uma ampliação de "significado", privilegiando a dimensão temporal, tomando a "multiplicidade de vivências individuais" como história do indivíduo. Mas sentido vai ser também aquilo de mais abrangente sobre o que o homem se pergunta — o "sentido da vida". A palavra será usada dos dois modos, que freqüentemente se aproximam e se fundem[5].

Uma discussão mais pormenorizada sobre terminologia não cabe na finalidade deste volume. Para tanto remetemos o leitor à bibliografia.

Define-se Psicoterapia?

Quem se aproxima deste texto e passa a folheá-lo, certamente já possui algum tipo de compreensão do tema a ser desenvolvido. Claro ou escuro, amplo ou estreito, há um espaço para a palavra "psicoterapia" no universo do leitor, agora envolvido no projeto de ampliar o significado do termo. A sua compreensão anterior de "psicoterapia" poderá ser revista, confirmada, contrariada, estendida. Se nada disso acontecer, que decepção! Não valeu a pena ter lido o texto.

Esse pré-entendimento da questão, em seu caminhar para um conceito de contornos mais delineados, serve-se de uma série de palavras para atingir seus objetivos. É através da linguagem que o autor pode proporcionar ao leitor uma incursão pelo universo de seu tema. E é pela linguagem que terapeuta e paciente se engajam na psicoterapia.

As palavras, se não forem vazias, terão como função trazer à presença daquele que as escuta (ou lê) aquilo de que falam. Assim fizeram sempre os contadores de histórias, assim escutamos em criança os contos fantásticos na fala dos adultos.

Um texto sobre psicoterapia precisa recuperar essa voz, esse som anterior à mera exposição técnica. Assim poderá se aproximar de seu objetivo impossível — mostrar o processo terapêutico sem vivê-lo na prática.

Quanto à palavra "existencial", vamos deixá-la para o final

do livro. Afinal, os contadores de histórias também reservavam alguma coisa com sabor especial para coroar a narrativa!

Construir uma definição objetiva parece escapar ao nosso campo de estudo. Psicoterapia é um acontecimento onde estão envolvidas duas pessoas. Justamente por esse envolvimento, elas não se encontram à distância necessária para a constituição da objetividade. Na grande maioria dos casos não é permitida a presença de um observador na sala onde terapeuta e cliente se encontram.[7].

O terapeuta pode, *a posteriori*, tentar cercar da maneira mais formal possível o fenômeno onde esteve como participante. Mas suas considerações sofrerão sempre a conseqüência da proximidade afetiva e do distanciamento temporal da cena.

Mesmo com essas dificuldades, alguns autores já tentaram formalizar definições desse encontro peculiar entre duas pessoas. Contam-se às dezenas as tentativas e as respectivas definições formuladas. Ou seja, persiste a indefinição.

E se isto é assim nebuloso, como pode alguém aprender tal arte, e se tornar um especialista?

Em primeiro lugar, por lei, necessita de um diploma universitário em medicina ou psicologia. Faz, depois disso, algum curso de especialização, ou participa de grupos de estudo, sempre sob a orientação de psicoterapeutas mais experientes. Nesse mesmo tempo deverá se submeter, como paciente, a uma psicoterapia. E quando estiver apto a atender os primeiros casos, vai passar por um processo de supervisão. Aqui o principiante é orientado, nesses atendimentos, por um profissional reconhecidamente competente.

Algumas vezes essas etapas — curso, terapia, supervisão — estão organizadas conforme uma linha teórica as entende. Com freqüência, os seguidores da mesma teoria se organizam em sociedades científicas. O aluno percorre então o seu caminho amparado por essa instituição.

Descrevemos em linhas gerais um processo altamente complexo. Presume-se que num certo ponto desse percurso o futuro terapeuta passe a saber o que é psicoterapia.

Pelo pouco já exposto, pode-se começar a perceber o modo de transmissão de conhecimentos peculiar ao domínio da terapia psicológica. Não se trata apenas do aprendizado racional de um conjunto de leis. Muito além disso, em sua própria terapia e supervisão, o aprendiz é imerso em todo um clima emocional, pois só desse modo poderá fazer um prolongado exame de suas capacidades e possibilidades humanas. A psicoterapia do candidato a psicoterapeuta não diferirá daquela a ser descrita na seqüência deste estudo. E só assim, extrapolando em muito o âmbito da definição objetiva, aprenderá algo de sua arte. Não de fora dela, encerrando-a em alguns termos técnicos; mas contemplando o processo desde dentro.

Para complicar ainda mais a questão de definição, sabemos que a psicologia, quando aplicada à terapêutica, defronta-se com alguns de seus problemas mais intrincados. Como conciliar a singularidade do indivíduo com a generalidade dos conceitos teóricos? O que dizer do eterno problema do dualismo corpo-mente? Existe algum conceito aceitável de normalidade psíquica, para servir de base à idéia de cura? Ou essa idéia pode ser pensada em outros termos? São indagações escolhidas entre uma série de outras possíveis. Servirão de fio condutor ao fluxo deste texto. Sem delinear seus princípios norteadores com certa clareza, qualquer conceito de psicoterapia carecerá de base sólida.

Para transitar por todas as questões levantadas até aqui, proponho o exame de um caso.
Passemos ao largo da tentativa de buscar uma definição objetiva. Nosso objeto de estudo pede outro tipo de caracterização. Vamos respirar a atmosfera da psicoterapia, até o ponto em que um texto simples nos permita. Talvez alguma resposta emerja, ao examinarmos de perto o encontro de João com seu terapeuta.

O Cliente e o Terapeuta

João tem um vago sentimento de mal-estar. Freqüentemente não sabe o que quer. Ou, quando sabe, não consegue realizar o desejo. A vida o leva, ele não tem rédeas. Seus pais faleceram relativamente cedo. Aos 20 anos, órfão, foi morar com a avó. Foi viver em casa de seu parente mais próximo, pois "a vida é assim"; não questionou outra possibilidade de se organizar. A convivência mostrou-se muito difícil, mas ele a manteve. Em certos momentos seu mal-estar se torna mais concreto. Tinha taquicardias, passaram. Sofre agora de dores abdominais, e suspeita de sua origem "nervosa". Tentou se tratar pela medicina tradicional. Nenhuma doença foi evidenciada pelos exames de laboratório. Melhorou enquanto duraram os calmantes receitados pelo médico. Depois houve uma volta dos sintomas.

Ao refletir sobre seus problemas, João lançou mão dos conceitos disponíveis em seu meio cultural[8]. Adquiriu conhecimentos vulgares de psicologia em conversa com colegas, vendo televisão, lendo revistas e até alguns livros de divulgação. Relacionou para uso próprio algumas idéias tais como "inconsciente", "trauma de infância", "complexo" e outras. Refletiu muito sobre as "causas infantis" de suas mazelas. Sobre isto nos estenderemos adiante. Em certos momentos pensou ter descoberto a origem dos males que o afligiam. Esperou a cura, mas nada aconteceu. A persistência dos problemas subvertia a eficácia de seu teoria.

Enredado pela teia de mitos que constituem sua cultura, João se imobiliza. Oriundo de uma família de poucos recursos financeiros, almeja alcançar uma situação mais confortável, através do trabalho e de uma educação mais elaborada. Sem se dar conta dos diversos meandros dessa ascensão social, vai se inteirando da ideologia da classe média. Sutilmente, uma imagem da natureza humana, parte dessa ideologia, vai se formando em sua mente. Vamos procurar descrever melhor essa concepção de homem. Um de seus princípios básicos reza que diversos atos significativos da vida são comandados pela entidade chamada "o inconsciente", supostamente "interna" ao indivíduo. Aparece aí a importância fundamental da infância como período formador da personalidade básica, pois o inconsciente é então constituído. As frustrações mais fortes sofridas pela criança podem se tornar "traumas". Essas marcas, agindo desde a inconsciência, seriam as responsáveis pelos comportamentos inadaptados da pessoa quando adulta.

Concepções desse teor têm sua validade apenas em contextos teóricos mais amplos. E precisam ser entendidas como um mapa, uma referência para percorrer o território do comportamento humano. Quando transformadas em coisas, em entidades concretas — como "o" inconsciente, localizado "dentro" da cabeça —, assumem o *status* de verdades absolutas. É o ponto onde o mapa perde sua função, confunde-se com o território e, em vez de orientar, aprisiona. Neste enredar-se João ficou paralisado por uma idéia estreitada do mundo. A ideologia que o engoliu não oferecia um horizonte para a solução de seus problemas. Acabou por lhe roubar a capacidade de gerar novos mundos.

O terapeuta estudou uma série de princípios que podem ser chamados de científicos. Ele sabe que a ciência formula leis gerais. Se a lei não se aplica a um grande número de fenômenos, não serve para nada.

O terapeuta sabe também que o artista, ao contemplar seu modelo, revela uma singularidade. Cada rosto é digno de ser retratado pelo pincel. Uma obra de arte é algo único.

Eis a tarefa: realizar um trabalho científico, sem desfigurar a singularidade do outro. É possível?

Vamos ao início da ciência. É lá onde ela guarda um parentesco com a arte — e então se distingue da técnica. Não foi por perceber de modo absolutamente singular a queda da maçã que Newton conseguiu formular a lei da gravidade? No entanto, quem aplica mecanicamente a fórmula matemática da lei encontra-se a quilômetros desse espírito. É um técnico. Neste sentido, não existe uma técnica psicoterápica[9].

Fazer ciência como quem a recria a cada instante. Com o mesmo assombro e a mesma indagação frente ao fenômeno[10]. Já é um caminho.

João relutou em procurar uma psicoterapia. Apesar das leituras, não entendia bem o funcionamento do processo. Só uma conversa? Como é que isso pode curar alguém? Conversar com um amigo não é a mesma coisa? O cara não vai rir de mim? perguntava-se. Achava, de algum modo, seus problemas risíveis. Alguém os levaria a sério? Até certo ponto, duvidava da própria realidade do que sentia.

Queria, disse depois, "encontrar seu verdadeiro eu". Esperava do especialista um aval técnico, como o perito autentica uma obra de arte.

Um dia marcou hora e foi ao consultório.

Abro a porta e convido João a entrar.

A Sessão[11]

Estamos em plena sessão.

João fala em sua dor de estômago. Já foi dito que os médicos não encontraram qualquer patologia gástrica. Mas sua dor, para ele — e para mim, se sei ouvi-la — é tão real quanto a cadeira ao meu lado[12]. Depois de algum tempo, não insisto mais no sintoma do cliente. Noto seu "jeitão". Fala de modo entre desdenhoso e desafiador, como se falasse: "Duvido que você descubra o que eu tenho". Ele *diz* isso, e sua afirmação me soa real como a dor e como a cadeira. Todo seu corpo comunica o desafio. Falo: "Eu me sinto desafiado; você me olha assim (imito o ar superior, a cabeça levantada, a testa franzida levando as sobrancelhas para cima, a boca num muxoxo, o olhar de cima para baixo, os ombros jogados para trás, braços e pernas displicentemente jogados nos apoios da cadeira)". Continuo: "É uma atitude comum em sua vida?" Ele responde, com o mesmo ar: "Já foi mais". Eu, procurando o singular: "Com quem, mais especialmente, você se relacionava desta maneira?" "Com meu pai." Ao dizer isso, João olha para longe, num ponto acima e atrás de mim, um ponto muito longe. O olhar está vago, paralelo. Tudo mostra que ele está "vendo" algo. Pergunto o que é, e vem a resposta: "Eu estava lembrando de meu pai, como ele me humilhava, às vezes". O paciente "viu" uma *cena*, singular, mas "conta" a

23

coisa vista de maneira coletiva — como se juntasse várias ocasiões em que o pai o tivesse humilhado. Fala em generalidades. Insisto: "Tive a impressão, olhando, de que você lembrou uma cena particular, um fato passado". Ele sorri: "Tem razão... Foi uma vez, na casa da minha avó...".

João foi trazido do geral para o particular, do coletivo para o singular.

O fato vivido poderá ser revivido com envolvimento, em sua dimensão mais ampla.

A cena da casa da avó poderá se tornar tão real quanto a dor, o desafio ou a cadeira — se João tiver a necessária confiança em mim. Quando essas coisas acontecem, sinto o paciente me convidar para passear com ele por sua experiência, na qualidade de uma testemunha muito privilegiada. Percorro sua singularidade — sua verdade[13].

Quantas pessoas já participaram de nossa verdade? Certamente poucas. E que perigo. Enquanto João não tiver testemunhas de suas recordações (e de seus projetos) pode esquecê-los; depois, isto já não é possível.

O paciente fica em silêncio, absorto. Interrompe o relato sobre a casa da avó. Muda de posição, fica pouco à vontade. Acha graça em "estar falando todos essas coisas para um estranho". Lembra-se de um velho amigo, que hoje mora em outra cidade. "Ele me compreendia só de me olhar". Sorri, fica novamente calado durante alguns segundos. Também fico quieto. A intimidade entre duas pessoas muitas vezes se expressa nessas pausas. As palavras calam, diz a expressão; podemos tomá-la ao pé da letra.

A confiança que João vai depositar em mim nasce desses episódios, onde se confirma a escuta de suas palavras e de seus silêncios. É um processo onde vou deixar de ser "o psicólogo", a autoridade impessoal, para me tornar a pessoa viva com quem ele contracena no consultório. Mas não encontrará aqui o companheiro que perdeu, pois nossa relação é outra, tem uma configuração que não é a da relação de amizade. Ele até me pergunta: "A gente não poderia bater esse papo num bar?" Digo-lhe que procura o amigo, que deseja voltar àquela intimidade já conhecida. Mas as relações humanas realmente próximas são singulares — e não existem singularidades iguais!

João movimenta a cabeça para frente e para trás, num movimento leve, pensativo. E de repente, como que dando o assunto por encerrado, retoma seu discurso anterior.

Volta agora para a casa de sua avó. Descreve, enumera as peripécias, o jeitão das pessoas se torna presente. Facilmente me ocorre a imagem da cena, que certamente nada tem de semelhante à que João imagina. Mas não importa. Agora, o nosso vínculo *é* o podermos estar juntos na casa da avó. Para ele, é o poder me levar lá, eu, a testemunha confiável. Ele espera que eu percorra seu roteiro, interessado e solidário. Algumas vezes tem medo. Medo da transformação da testemunha em juiz. Medo da traição, que é tanto mais terrível quanto maior for o contexto da confiança. Pois trair é assim, uma possibilidade embutida na fé. Só se pode ser traído pelo amigo, não pelo estranho: este não é o guardião da lealdade[14].

João tem pequenas pausas no relato, procura me olhar rapidamente, durante uma fração de segundo; essa mirada nunca é de frente, traduz o perigo, perscruta a minha expressão, pesquisa meus sentimentos: ainda sou a testemunha?[15] Escorreguei para o juizado?

Criamos ali juntos uma nova casa da avó. Não mais aquela exclusiva de João, mas outra, talvez até parecida, mas também real, por partilhada. Dificilmente, agora, ele vai poder esquecer essas cenas com o pai, essa humilhação infligida. Eu também estava lá, e poderei estar sempre a lembrá-lo. João me conferiu um poder enorme, e espera que eu não abuse dele. Espera apenas que eu o ajude. Como?

Vamos recordar. Inicialmente João falara de generalidades, e não de si. Com jeito, esta configuração mudou. Depois mostrou seu medo, sua desconfiança. Com o passar do tempo, foi possível relaxar este estado, pois a traição não aconteceu. Apenas ouvi, atento e interessado. Mas agora vou abusar um pouco da confiança dele. Com cuidado.

João conta e reconta, em sucessivas sessões, e em diferentes ângulos, sua história. Às vezes o que se nota nele não é mais uma imagem não traduzida em palavras, nem uma incerteza quanto a mim. É uma pausa diferente no relato, acompanhada de certos sinais: uma alteração na voz, como que engasgada, uma respiração mais suspirante, uma palavra trocada ou difícil de pronunciar, um esforço para não chorar; ou até mesmo um sorriso aparentemente fora de contexto. Pergunto, com jeito: "Esse ponto lhe sugere alguma coisa?" ou "Percebo que você sentiu algo, nessa parte do seu relato. Quer me contar o que é?", ou ainda qualquer outra maneira de perguntar apropriada ao momento. Muitas coisas, então, podem acontecer. Talvez uma resposta simples: "Nada". Ou o silêncio, vazio ou denso. Pode mesmo me contar outro fato, um cruzamento qualquer de assunto, sem uma relevância clara para a nossa tarefa. Assim é a sessão terapêutica: uma oportunidade para que algo aconteça. Há a possibilidade — talvez a mais freqüente — de aparentemente nada acontecer. Mas nesses encontros o tempo está sutilmente tecendo a intimidade[16].

De repente, certo dia, a magia se dá, e o encontro se enche de um significado maior. Um lapso é apontado, um jeito denunciado, um reparo é feito. Configura-se um estado tenso, emocionado. Aparece o sofrimento, não se atina de onde ele surgiu. Terapeuta e cliente sentem a tentação de perguntar: "por quê?", e assim fechar a situação, "chegar a uma conclusão".

João está engasgado. Parou o relato da casa da avó. Pigarreou, fungou, o olhar ficou assustado, perplexo, talvez. Perguntei: "O que é?". Ele responde: "Não consigo dizer; tem algo a ver com a morte de minha avó". No torcer a face, a dor de estômago dá um sinal. A palavra é procurada, mas se recusa a aparecer em sua plenitude[17]. Fico quieto. Concluir — seja interpretando, clarificando, ou mesmo sugerindo ser este um momento comum em terapia — romperia com a densidade da situação, com este local peculiar em que o paciente se encontra agora, impenetrável, em radical solidão; consigo mesmo, dizem alguns. A interpretação, o discorrer sobre seu estado nas *minhas* palavras, seria quase um roubo; tornaria meu o que é dele, em sua radical intimidade. E dizer "isso acontece..." devolveria o estado mais singular à generalidade. São traições. E João talvez nem as percebesse agora; no correr do tempo seriam denunciadas por um vago mal-estar, um certo desinteresse, o encanto quebrado.

Na desorientação instaurada, João pode vislumbrar aspectos originais de sua vida, talvez como nunca. Onde os referenciais anteriores faltaram ele pode construir outros — ou ainda se aferrar aos antigos. Mas eu fui testemunha de uma lacuna em seu velho jeito. E isto está, agora, definitivamente impresso em sua — em nossa — história. Pois isso fazemos ali: construímos uma história. João na minha frente, o mundo de cabeça para baixo. Procura a palavra salvadora que define esse estado, mas ela não vem[18]. O tempo encurta — "mas parece uma eternidade". Diz de um malestar, como um enjôo leve, na região abdominal. Mais tarde me dirá: "Pensei que ia desmaiar". Muito mais tarde, sem aludir a esse episódio ou a outros semelhantes, dirá que melhorou, "mas não sabe como". Relaciona vagamente suas mudanças com a terapia. Sou tentado a fazer também essa relação. A isto voltaremos.

Recordando: o terapeuta cuidou para que o assunto não fechasse[19]. Com isto, vários outros modos de considerar as coisas foram se organizando. Outros caminhos se abriram. Procurando com paciência, cliente e terapeuta vão se tornando íntimos, como dois exploradores percorrendo juntos a selva desconhecida. A intimidade construída pelo tempo, pela procura do projeto comum. E num dado momento, a percepção de João mudou. Magia? O termo foi usado com uma certa impropriedade; vamos entendê-lo como figura literária. Algo deu-se; e — acrescentemos — deu-se por não ter sido ansiosamente buscado. Há um imponderável na situação. A vez da mudança escapa ao controle. Se avidamente a procuramos, esvai-se. Se pacientemente urdimos as condições para sua manifestação, pode aparecer.

Também assim a cura se desenha, em psicoterapia. Buscada, foge. Mas pode emergir do esboço que paciente e terapeuta vão traçando em seu contacto peculiar[20].

João se queixa. Há dias em que não se sente à vontade em lugar nenhum. Está em algum canto fazendo alguma coisa — escutando um disco, por exemplo — pensando em estar noutro canto, fazendo outra coisa[21]. A cada mudança de atividade, porém, tudo se repete: a novidade se torna volátil, e surge outra, também fadada a evaporar-se. Sua atenção — seu eu, digamos — está sempre onde o corpo não está, e por mais que se esforce não os reúne[22]. Busca algo, ansiosamente. É como se houvesse a esperança de fazer todas as coisas para desfrutar um momento de paz, talvez de uma paz eterna. Mas, ironia: na busca do eterno, tudo se torna efêmero. Às vezes apenas aparece a expectativa de um acontecimento decisivo, resolução de vida: uma oportunidade inesperada de melhores dias, vinda do céu — um dinheiro, um emprego, o fim da angústia, a saúde. Ter de fazer tudo, e rápido: assim João se sente, se obriga, sai correndo atrás das coisas e do tempo[23]. Se fosse imortal, teria todo o tempo do mundo para fazer tudo. Mas não se dá conta da mortalidade comandando a correria[24]. E, de qualquer modo, por mais que corra, sempre haverá ainda o que fazer. Algo de essencial? Dificilmente.

Assim como espera do mundo um acontecimento espetacular, aqui no consultório João repete a expectativa. Fala de muitas coisas, mas não se demora em nada. Espera muito de cada assunto, mas o assunto se esvai, pouco significa. Também no consultório não se sente à vontade. Busca o acontecimento que tudo resolve: uma revelação final, uma solução embutida numa palavra salvadora, agora do terapeuta. Conta sua história na esperança de chegar ao "trauma de infância", ao conhecimento crucial, determinante de todas as mazelas subseqüentes (como disse o psicólogo da televisão). No momento em que chegar lá, fantasia, tudo estará resolvido. Como se a vida dependesse de um momento!

João passa em revista fatos e fatos, procurando a causa determinante de si mesmo. Vai às brincadeiras sexuais de meninice, onde (ouviu falar) em geral se localiza o começo de tudo. Mas é em vão. Repete as mesmas coisas, e aos poucos talvez se dê conta das diferenças no modo como as repete. Pois seu passado é o passado contado agora, com o significado dado hoje por ele, João[25]. A surra que levou do pai aos 8 anos de idade certamente foi lembrada de um jeito no dia seguinte, de outra maneira aos 15 anos, ontem talvez diferente. Hoje aparece forte e humilhante. Como foi, realmente? A pergunta nem cabe. A máquina do tempo ainda não foi inventada! Posso apenas observar que a cada fato contado com densidade, João me olha, como perguntando: "Está por aí a minha cura?". E se frustra, continuamente. Pois a cura não está em lugar nenhum. Ele não tem doença para ser curada. Tem um jeito de se relacionar com as pessoas perpassando por toda sua história, compondo nossa história, tentando me cooptar. Ele suplica, e espera que eu corresponda às suas súplicas. Com o correr do tempo vou percebendo. A cada relato emocionado, a cada lembrança que cala, segue-se um pedido, uma lamúria, um apelo. Quer de mim a solução, como a quis de outras pessoas: da mãe, do amigo, da avó. Com um jeito de desamparo, o olhar comprido, o encolhimento humilde, espera despertar compaixão. Pela sedução, os sinais do seu corpo tentam tornar o mundo da terapia igual ao mundo a que está habituado — o mundo onde ele suplica e os outros atendem. E nunca atendem de forma satisfatória, pois João espera o atendimento definitivo, a solução final. Como isto não pode acontecer, o jogo se perpetua.

Criando esse ambiente, João se reconhece: esse sou eu, o suplicante, o coitado, dêem-me a mão.

João existe enquanto existir um salvador. Sem isso, ele não tem sentido; não sabe ser de outro jeito, quando os laços com o outro se estreitam. Traz ao consultório o mesmo esquema de vida. Não muda apenas por transpor a soleira da porta; é preciso mais que isso.

Não lhe dou a mão. Estou ali, com ele, com a história, com a sua maneira de ser. Se atendesse a seu pedido do modo que ele quer, estaria simplesmente repetindo algo já há muito conhecido, esse universo onde João se move tão à vontade, e que o espelha. Vou percorrer uma zona perigosa, na fronteira de sua existência. Preciso confiar na relação até então estabelecida entre nós, abusando novamente dessa confiança. Estou presente, não fornecendo um rumo, mas confiando que ele o ache.

Freqüentemente silencio[26]. Falo apenas o necessário para mantê-lo próximo ao peso desse sentimento, dessa necessidade de pedir para o outro a decisão de seus caminhos. Incito-o sutilmente a não se afastar daí, ávido de outros fatos. Parar: não é possível percorrer todos os lugares. A vida é finita, não dá tempo. Este sítio soa especialmente significativo. Cultivá-lo, penetrar em sua intimidade, eis nossa tarefa de agora.

Nestas cercanias é possível caminhar. A estrada foi calçada pela solidez do nosso contacto; cada encontro, uma pedra. Acerca-se o terreno movediço. Já temos experiência suficiente para correr o risco de explorá-lo.

Agora vou testemunhar uma descoberta. Talvez mesmo descobrir junto com ele muita coisa. Ou, o que é mais perturbador: talvez construa junto com João o sentido de suas súplicas. Se acabo de conhecer alguém com quem percebo grande afinidade, os mesmos gestos, uma maneira de ser parecida, esse encontro se torna vivo, significativo. Em pouco tempo a intimidade se constela. Tenho a impressão de sermos velhos amigos, apesar da amizade recente. Eis o que é significativo: tem um sabor de passado estendido, de ter sido sempre assim, e algumas vezes de único. Não parece que já nos conhecemos há tanto tempo? Não é que o nosso amor mais recente parece sempre o maior deles? Não dizemos nós que nunca amamos tanto?[27]

João pára, e se altera. Está visivelmente incomodado, preocupado, na vizinhança do susto. Até agora ele se parecia com todos os suplicantes. Ao parar, já não reconheço nele o geral. Acerca-se da singularidade de sua súplica. Percebe-se de um modo inusitado, mas ainda não fala; sua própria percepção o cala. Talvez seu estômago grite. Sua própria revelação, e ele a colocará em palavras em seguida.

Na boca crispada posso ouvir: "Como eu odeio aquela velha! Não sei como posso sentir isso, assim tão forte!" Pois a avó não morria, e ocupava todo o espaço da casa. João expressa o estado em que estava até o falecimento dela: "Eu tinha tanta raiva... vejo isso agora... estava insuportável, brigava com todo mundo... só parei com isso quando ela morreu, coitada... como é que pode?" Ocorre-lhe que, afinal, sempre implicou com a avó. Chama-a de rabugenta, chata, "castradora". Lembra-se: foi à terapia logo após a morte dela. Já estava mais calmo, mas sentia-se ansioso, não sabia o que fazer, além de trabalhar e executar os afazeres habituais: tomar banho, almoçar, trocar de roupa, descansar, etc. Nos finais de semana ficava perdido, nada o atraía. Andava a esmo pela casa, os interesses lhe fugiam.

Perguntei de sua vida enquanto a avó vivia. Falando devagar, meio baixo, pensativo, ele começa a perceber. Quando a avó morava em casa nada disso acontecia. Sempre tinha aonde ir. Saía de casa até demais, não raro depois de discutir com a velha. Soltava uma piadinha carregada de ironia, e ia embora satisfeito.

Vai percebendo, levemente envergonhado, esboçando aos poucos uma expressão de susto — eu diria até que esboçava certo horror — o quanto se deliciava imaginando a raiva da avó, em casa, ruminando os gracejos deixados pelo neto. E esse deleite preenchia o hiato entre o João da casa e o João da rua. Depois, encontrava os amigos, ou ia a um cinema, e acabava se esquecendo da cena. No outro dia repetia tudo[28].

Agora, sem a avó, o vazio pesava. João vai falando, foi contando para mim as coisas, e as palavras — as dele e a minha pergunta — conduziram-no até ali. Está perplexo.

Cuidado aqui. Fomos a uma descoberta. A seu tempo, ela aparece como única, fundamental; é a verdade de João, essa verdade de agora, trazendo consigo a esperança de ser a abertura definitiva para revelações fundamentais[29]. E mais uma vez o tempo mostrará seu trabalho. Essa verdade aparecerá mais tarde em sua verdadeira dimensão — uma das muitas possibilidades de sentido a ser apropriada, naquele momento, por uma dada recordação. Pois des-cobre: tira o véu de algo antes coberto. E re-vela: dando sentido ao vivido, cobre os outros sentidos possíveis. O recordar sempre adquire seu sentido em função do presente e de um projeto. O tempo se apresenta numa síntese. No tecer e retecer da vida, abre um caminho, dá uma laçada, direciona um fio da história[30].

João suplicante, João irônico, João agressivo; nessa ordem. Se a súplica não funcionava, ironia. Não dando resultado a ironia, briga.

Quando morava com a avó, esta o tratava como o neto, fazia o que faz uma avó para um neto, quando moram os dois sozinhos. Acordava cedo para preparar o café da manhã, lavava as roupas do rapaz, preparava o almoço, etc. Pouco falava. Dizia cumprir suas obrigações[31]. Ocasionalmente reclamava da vida, em voz alta. João tinha a impressão de que ela falava para si mesma, não para ele. Tentava conversar com a avó, "quando estava com paciência", conta. "Era como bater em espuma de borracha, ela amortecia as palavras, não voltava nada". Então o ciclo começava.

Aflito, suplicava à avó que lhe desse atenção. Ela respondia com o mesmo discurso: fazia suas obrigações. Logo ele estava gritando e ironizando. Em seguida, se fosse hora apropriada, saía de casa. Quando voltava, a avó permanecia com a mesma expressão alheia, "esperando a morte". João se exasperava[32].

Eis as voltas da dialética entre o singular e o genérico. Frente à avó João não se sentia um ser singular; era um neto, um ser genérico, para qual pouco afeto se dá; dá-se obrigações cumpridas. Na tentativa desesperada de se sentir significativo para ela, agredia, ao verificar a vacuidade de suas palavras.

A agressão é o último recurso que alguém tem para atingir o outro, e através da reação dele perceber o próprio significado; o único jeito de tocar a experiência do outro, e só há certeza de tê-lo tocado se ele expressar isto de algum modo, nem que seja por um berro de dor. Sentir-se vivo, existente, aproxima-se disto: poder de transformar. Se isto não é possível através do tom usual da fala, berra-se. Se o berro em nada resulta, pode acontecer a agressão física. Transformar o mundo e o outro: sem essa possibilidade, é virtualmente impossível viver[33].

Aqui se abrem dois caminhos de explicação. Por um lado, alguém pode realmente ser tratado como um ser genérico, como alguém desprovido de individualidade e, pelas razões expostas, vem a agredir. Por outro lado, e por diversas circunstâncias, uma pessoa pode desenvolver uma tal exigência, que só comportamentos muito fortes do outro lhe dão alguma convicção de tê-lo atingido.

Essa incerteza de ser significante assume diversas formas. Há aqueles que olham nos olhos do interlocutor com olhar trespassante, procurando atrás da retina do outro a autenticidade da resposta. E perguntam, em seguida: "Mas é isso mesmo?" Há os namorados, perguntando a cada minuto para a namorada: "Mas você me ama mesmo?" "Amo, já disse." "Meeeesmo?" — e não entendem a razão da impaciência da moça. Há outros, necessitados de exasperar o parceiro, para se assegurarem da própria importância. No consultório, dizem: "Eu gosto tanto dele, mas sempre acabo arrumando uma briga, não sei por quê". Ou pior: "Não sei por que ele acaba sempre brigando comigo. Será que ele não gosta mais de mim?"

Todas essas pessoas procuram aquela resposta dirigida à sua própria singularidade, a resposta não genérica; não a frase feita, mas a palavra verdadeira, a que se transmite de uma singularidade para outra. Procuram uma aproximação radical, um fundir-se, para através da humanidade do outro confirmarem a sua própria. O sentido de transformar, aqui, é o de abrir uma brecha, criar o âmbito da palavra mágica, a palavra que aproxima a fusão. Pode ser um poema ou um berro[34]. A sensação do contato total, se acontecer, vai se dar no silêncio subseqüente, e não durará mais que um momento. Escapa. É possível que a exposição continuada a uma situação onde se é tratado como coisa, como pessoa não específica, traga a exigência dessa expressão radical. As duas condições descritas então se combinam.

Em tempo: transformar é também criar as condições para que o outro se transforme, seguindo a direção que para ele fizer sentido. Em psicoterapia tenta-se isso. Voltaremos a esse assunto fundamental[35].

Na relação de João com sua avó ninguém se transformava. O mesmo jogo ríspido se repetia. Se recordavam algo, o passado não se recriava. Planos para o futuro não existiam. Já ia muito distante o contato pleno, a emoção compartilhada, o sinal mínimo indicando a aproximação máxima, como a intimidade permite. A ele restavam a súplica e a ironia, um modo de ser estreitado, cristalizado em seu viver com a velha, ela mesma uma pessoa difícil.

Quando João saía da casa, depois das brigas, fantasiava a avó indignada, torcendo-se de raiva, furiosa com ele, esperando-o de madrugada, pronta a discutir em altos brados. O rapaz vivia essa situação com intensidade, a imaginação tecendo a realidade. Comprazia-se com as cenas, e até lhe vinha um certo remorso, um arremedo de culpa. Se bebia, a culpa aumentava e quase chorava de arrependimento pelo que havia feito. E que fez João? Nada — pois suas palavras não atingiam a avó, e ele sabia disso. Qual o sentido de sua culpa?

João está na sessão, e achou de me contar esses episódios. Sou tentado a lhe dizer: "Mas você não tem culpa". Não o digo.

Se o fizesse, estaria traindo João, reduzindo-o à impotência. Pois enquanto se sente culpado está próximo à avó. Sente-se responsável por alterações nos sentimentos dela, alterações causadas por ele, João. No âmbito da culpa, percebe que poderia ter agido de outro jeito, e não o fez — *e por isso se sente em falta com ela.* Da perspectiva de sua culpabilidade consegue vislumbrar sua potência, suas múltiplas possibilidades de relação, ainda que distantes. Permite mesmo fazer um projeto de melhorar a vida com ela[36].
Aqui a situação fica um pouco confusa. Afinal, a velha "na realidade" já morreu, e ele "realmente" não tem culpa[37]. Tem sentido toda essa arenga a respeito do tema?
É preciso notar a existência de dois modos de ser correndo paralelos no relato de João. Se por um lado ele sabe que a avó morreu, e tem claramente isenção de culpa, de um outro modo essas certezas se apagam. Ao recordar cenas entre os dois, ao trazer o passado vivo, tudo se passa com a avó viva e com a culpa presente.
Vamos ampliar o assunto. A morte de alguém nunca é assimilada no ato da parada fisiológica. Essa pessoa fazia parte da vida de outras, de seus projetos, talvez até de forma não muito clara. Mas lá estava, presente, viva. Depois de sua morte, há necessidade de um tempo de reestruturação para quem fica, principalmente para os mais próximos. Esse é o sentido do luto — reconciliar-se com o morto, retirá-lo das perspectivas do futuro (pelo menos de futuro terreno!), integrá-lo na história dos vivos como um capítulo já encerrado, mas recordável — com carinho ou raiva, admiração ou indiferença[38].
A avó de João, nesse sentido, ainda não morrera. Nem podia! Com a morte consumada, a culpa não seria jamais redimida. Eis o projeto de João com a avó: reconciliar-se com ela, e redimir-se da culpa. Poderia, então, suportar sua morte. É um projeto exeqüível? Como poderia eu ajudá-lo?
A objetividade do dia às vezes ofusca. Falemos de sonhos.

O Sonho

Um dia João chegou e ficou alguns minutos em silêncio. A expressão, embora séria, dava sinais de vacilação. O pomo-de-adão subiu e desceu umas três vezes. Com rodeios, pigarros e gestos de mão, como quem não encontrava as palavras adequadas, foi dizendo:
"Afinal, o que você acha de mim? Estou aqui já faz algum tempo, e você não me fala nada claro. Não sei se você me acha chato. A gente seria amigo em outras circunstâncias? Eu acho que não, você deve me achar muito enrolado pra andar junto comigo".
Feita essa pergunta — ou essa confissão — João parou, claramente desconfortável. Pergunto o que há. É difícil para ele continuar falando. Mas diz, com muitas pausas, que o estômago havia dado sinais de enjôo e de dor, na expectativa de me fazer a pergunta. Depois, ao aguardar a resposta, "essa coisa foi assim deslizando para o peito, deu um nó no gogó, e senti uma enorme vontade de chorar".
Perguntei o que o impediu de chorar. Ele respondeu: o fato de estar ali com um terapeuta homem.
Fala, agora, das mulheres. Muitas vezes sente-se assim, com elas; uma enorme vontade de ser acolhido. Principalmente pelas amigas mais próximas, quando o ouvem compreensivamente. É um sentimento de entrega, de dissolução, quase dói, explica. É muito fundo, dá até medo, mas não é desagradável.

Agora João prolonga o silêncio. O sentimento deslizou da barriga para o peito, da dúvida para o abandono, da indagação para a vontade de ser acolhido. Pensativo, já não tão envolvido, ele prossegue. Diz ter-lhe ocorrido a idéia de morte. Como algo consolador, descansado, um descanso tranqüilo. (Penso: raras vezes é tão clara a feminilidade da morte!). Pergunto se a mesma idéia lhe ocorre quando ele está com uma mulher. João reage com surpresa, e responde que não. A morte é uma mulher ausente. Na presença viva do outro sexo, a idéia é inconcebível.

A morte sem reencarnação, o mito do paraíso cristão, o eterno estar acolhido. O desejo é parar o tempo, com o tempo o futuro, com o futuro os projetos, e sem projeto não há desejo. A nível lógico, o sentido se quebra — mas é tão intenso, em João!

O eterno aconchego suprime as decisões; as escolhas perdem a razão de ser[39]. O espírito, entorpecido, tem a ilusão do gozo contínuo, como se o desejo pudesse ser paralisado no momento mesmo da sua mais radical satisfação. Estar surdo ao chamado do mundo. "Estar completo", sugiro. João se assusta, volta a olhar para mim, certificando-se da realidade da nossa presença. Sorri, constrangido. Silencia ainda uma vez, embaraçado, sem saber a direção a tomar.

Súbito, a seqüência de imagens de um sonho se impõe. Ele sorri, talvez aliviado por ter algo a dizer, e me conta:
"Sonhei que estava numa sala, talvez a sala da casa onde morei até os 10 anos. Aparece a minha avó, com um sorriso meigo e receptivo. Ela vem e me abraça. Correspondo, entregue àquela ternura toda. De repente, não sei por quê, atento para uma porta situada atrás dela, à esquerda da sala. Essa porta se abre e aparece novamente a minha avó, agora com uma expressão horrível, demoníaca. A outra, a que me abraçava, some. Fico apavorado. Acho que ela vai me matar. Quando aquela cara medonha se aproxima, vai se atenuando, e ao chegar perto de mim está suave, receptiva e carinhosa como antes. Aliviado, dou-lhe um abraço, e aparece atrás dela outra porta, no lugar da anterior. A mesma seqüência se repete, e depois mais uma vez ainda. Acordei assustado, suando."

Eis um sonho, um relato quase caótico, um acontecimento fora da realidade das coisas[40]. A compulsão humana para ordenar esse emaranhado remonta à antiguidade; interpretar sonhos era uma profissão. Posso, prontamente, referir o sonho a uma estrutura prévia, já constituída como teoria, e a partir desse padrão analisá-lo. Aliás, João faz isso, e de maneira quase automática. Vai logo dizendo: "Acho que é o meu ódio inconsciente por essa velha, ela não me dá nada, e quando dá algum carinho logo tira". O tal "ódio inconsciente", bem como o carinho, encaixam-se com ótimo ajuste em sua ingenuidade teórica. O raciocínio é mais ou menos o seguinte. A avó o maltrata. Ele tem ódio disso, mas deseja um contato com ela. Como existe uma censura para tais sentimentos em relação a esse parentesco, o rapaz "reprime" os afetos, tornando-os "inconscientes". Talvez esse mecanismo de ocultar sexo e raiva venha desde a infância. O sonho, como uma expressão do insconsciente, põe à mostra os desejos proibidos.

Vejamos o que fez João. O sonho apresentou-se, e numa dada circunstância emocional. Eclodiu da lembrança de João quando falávamos sobre seus sentimentos com as mulheres. Depois de me contar o que se passou, e de analisar tudo de seu jeito, João parecia senhor de si, em expectativa não-ansiosa, sem demonstrar nenhuma emoção em especial.

Curioso! Falou-se de amor e ódio, os afetos mais fortes do homem. E tudo, agora, está plácido no consultório.

Mantenho um silêncio estudado. Tenho até vontade de dizer: "Isso é uma interpretação pronta; em sua ansiedade, na pressa que o caracteriza (que o impregna, a partir do mundo em sua volta) você não parou, não contemplou o sonho com o ânimo receptivo ao que ele pudesse estar dizendo. Recusou o assombro ante o mistério do onírico, então ele se reduziu a nada: a um "mecanismo" já conhecido, igual a milhares de outros que você pode ir colhendo nas noites monótonas da sua vida. Tornou uma possibilidade de futuro igual à concretude do passado. Matou a ansiedade, mas fechou o caminho. E agora, João?".

Mas não posso dizê-lo! Pois talvez tivesse de responder à pergunta de João: "Bom, e se não é assim, como é que se faz?", e teria de responder: "Não faz". Entendamos: não "fazer" no sentido atribuído ao verbo por João, um sentido de fazer como aplicação de técnica[41].

Voltemos ao silêncio[42]. A inquietude começa a se instalar no meu paciente. Chega o momento em que ele se volta e pergunta: "Mas por que você está quieto?". Respondi, num tom de brincadeira séria: "Estou contemplando a sua quietude". A quietude, a essa altura, já havia se dissipado completamente. João cruzou e descruzou as pernas, fez menção de pegar um cigarro, cruzou os braços, desfez a posição e ficou parado, olhando para um pequeno arranhão no seu dedo mínimo. De repente falou, sem tirar os olhos do dedo: "Você não disse nada sobre o meu sonho". Respondi: "Pelo que ouvi, você disse tudo. Agora quer o aval do especialista". Perguntei se a narrativa toda dos encontros com a avó ainda estava presente. Logo após o relato não estava, mas agora as cenas voltaram, ele disse.

Fiz uma pequena pausa. Um curto silêncio, para deixá-lo na atmosfera do sonho. Desta vez João está mais parado, numa expectativa quase temerosa. Prossigo. Peço a ele para me descrever os sentimentos do sonho. Mantendo o clima, espero que os afetos se apresentem de forma víviva.

Ele fala. Quando ela se aproximava sorridente, aberta a seu abraço, João fechava os olhos, deixando-se envolver pelo carinho da avó. Era descansado, tranqüilo, até um certo desconforto, uma impressão estranha insinuar-se. Abria os olhos, "e era como se enxergasse a realidade": a porta se abria, lá vinha a velha com um aspecto demoníaco a dominar-lhe a figura. João relaciona o sentimento então presente com os filmes de terror a que assistia, especialmente com o medo que os vampiros lhe inspiravam.

Os temas de antes estão presentes: a mulher, o acolhimento, a morte. Lembro-me de um filme japonês genial a que assisti há alguns anos atrás, "O Império dos Sentidos", de Nagiza Oshima. Os dois protagonistas — um homem e uma mulher, ele dono de um prostíbulo e ela uma prostituta nova — se envolvem numa intensa paixão sexual. O filme vai num crescendo. Eles tentam se separar, intuindo o perigo que os esperava. Pois nada possuem em comum além de sua atração mútua e desenfreada. Nada constroem no mundo; nenhuma tarefa a cumprir, apenas o encontrar-se num quarto, ávidos um do outro, até a exaustão. Ali não há lugar para o futuro. Aos poucos, com uma sutileza oriental, o ambiente do filme vai mudando. Fantasias de morte começam a se infiltrar entre os amantes. Experimentam, inicialmente como parte do jogo amoroso, apertarem-se mutuamente o pescoço. A asfixia vai se tornando um fascínio. A partir daí, o final é previsível. Ela o mata e enlouquece.

A lembrança não me ocorre apenas a partir do sonho do paciente. O sentido do filme vai de encontro à sua própria vida. Um sonho, isolado da vida do sonhador, nada diz; terá significado somente como parte de uma história individual.

João anseia por uma paixão assim, incondicional, isolada de tudo, caída do céu. Aqui e ali, em seu processo psicoterápico, esse assunto já havia despontado. Agora o sonho o põe a nu, ampliando as direções em que o desejo se ramifica. Os dois pólos afetivos, tão próximos — amor e ódio — mostram a face. E a João parecem tão distantes, que um deles assume o *status* de realidade, enquanto ao outro se reserva a fantasia.

Assim o sonho pareceu a mim. Assim ele revela o rapaz à minha frente, aproximando seus afetos da compreensão a eles aberta. Mas enquanto essas idéias me atravessavam a mente, que é feito do sonhador?

João está confuso. Diz entender cada vez menos sua relação com a avó. Sugere uma explicação: "no fundo" a ama, mas ela o rejeita, e é isso que o sonho expressa. Faço-o ver que repetiu um procedimento anterior; fechou novamente o caminho.

Sinto-me à vontade para dizer isso. A palavra realmente significativa, quando proferida, traz com ela um calar-se. Pesa, confere densidade à comunicação. As explicações trazidas por João até agora simplesmente desanuviaram o ambiente. Serviram como alívio de tensão, um falar por falar, escoando o tempo e iludindo a possibilidade de abertura de significados.

Agora vou correr um risco calculado. Ao sugerir um eixo em torno do qual um sentido para o sonho pode surgir, toda atenção é necessária. O cliente pode abraçar a sugestão como uma salvação. Pode recebê-la como uma verdade absoluta, referendada pela autoridade do terapeuta. Só uma sensibilidade muito bem sintonizada com o estado afetivo do paciente é capaz de distinguir se a comunicação configurou para ele um sentido verdadeiro.

Verdade, aqui, significa não-mentira. E como não há apenas um sentido possível, pois as direções de uma vida são inesgotáveis, há diversas aberturas verdadeiras. Mentira é tudo o que fecha os caminhos. É o lugar onde o erro tenta o terapeuta[43]. Arrisco. Sei que sexo e agressão sugerem muitas coisas. Entre elas, costumam ser as únicas maneiras de algumas pessoas se comunicarem com outras, por faltar a esses seres outros recursos de contato. A sexualidade percorre desde as vilezas até as formas mais sublimes dos encontros humanos; a cada passo dessa extensão tem um colorido diferente. E uma luta tem o cunho de uma competição estimulante ou a marca da selvageria, conforme seu contexto de emergência. A experiência humana é mais vasta que os conceitos morais de forma dicotômica: isto é bom, aquilo é mau... Mas não digo a João as coisas desse modo! Explicá-las extensamente poria a perder a atmosfera do momento. Talvez eu diga apenas: "Sua avó é tanto amorosa como terrível..." — e espere pela seqüência da sessão.

A expressão de João vai se alterando aos poucos. A expectativa ansiosa se desvanece. Agora está claramente angustiado. A súplica, velha conhecida, assoma novamente. De repente, ele me pergunta: "Você acha que fui ruim com ela? Será que ela morreu até antes da hora por minha causa? Por que não fui hábil em levar a vida com ela? Será que nunca percebi direito que ela gostava de mim?" Seu estômago vira e revira. Calo. Deixo-o com a força máxima, a força de ter matado a velha. Espero e estimulo outros relatos, um fluxo de recordações estimulado pelo sonho. Aparecem ele e a avó mais moços, os pais de João ainda vivos. Passeios, brincadeiras e almoços de domingo dominam o cenário. Brincava de cavalinho com ela, ainda ágil e disposta, riam muito. Chora, me dizendo não saber como o relacionamento entre eles pôde se deteriorar tanto. Conta mais, muitos mais, aos borbotões. Às vezes interrompe, olha ao longe, o passado desfila nas paredes do consultório, atrás dos quadros pendurados. Fala de sua confusão: nem sabe mais, depois dessas lembranças, se gosta ou não da avó. A dicotomia rígida está abalada. Faço-o notar. Não por ele ter "caído em contradição", mas sim por neste momento terem aparecido outros momentos de ser na relação, uma ampla nuance de modos joviais assumindo vida, vindo e desaparecendo, alternando-se com outros mais ríspidos e agressivos. João se sente estranho: "Gosto ou não gosto dela?". Sente a necessidade de concluir o assunto. No entanto, continuo mantendo a abertura, estimulando o fluxo de recordações, pedindo a presença dessa outra e mesma avó. Sutilmente vou pedindo tempo a ela, quero que seja nossa velha conhecida. Testemunho sua intimidade com o neto, participo do renascimento desse contato. Espero o encontro dos dois (ou de nós três?) ficar mais intenso. Vou cuidando disso, na expectativa de recuperar uma intimidade perdida, a possibilidade de uma aproximação superadora da distância que atormenta João[44].

Em meio à emoção intensa, a proximidade vai se desenhando. Ele pode trazer à lembrança toda a gama de contatos com a avó. Carinho, ternura, mágoa, indiferença, raiva e condescendência vão desfilando, compondo o cenário multicolorido de uma relação humana intensa. Lentamente, no correr das palavras, João se acalma. O resgate está feito. Sua consolidação, no entanto, pode durar ainda muito tempo.

Agora os episódios do rapaz com a avó não serão mais esquecidos; fazem parte de sua história. Despertada a capacidade de encará-los num contexto alargado, podem ser ultrapassados. As brigas, em si mesmas desagradáveis, perdem sua força terrível. O poder que elas têm de estreitar o significado da relação do neto com a avó se dilui no estender o significado da trajetória que percorreram juntos.

Notemos, aqui, a reiteração do papel do terapeuta como testemunha. Se antes nessa função ele lembrava o conflito, agora compartilha da reconciliação. Se antes podia escorregar para o juiz, agora pode se tornar amigo. Mas não; alguma distância ainda é necessária. Ele acompanhará ainda as recordações de seu cliente, que certamente aparecerão novamente, sob outras luzes, no processo de consolidar o resgate feito.

A culpa foi perdendo a intensidade. Pois ao confiar no poder de chegar à avó por muitos caminhos, como as recordações lhe permitiram ver, foi possível a João encarar o absurdo da realidade que havia criado. Ele vai lamentar muitas vezes os conflitos de sua época de convivência com um ser, agora, querido. Talvez aos 45 anos atribua-os à imaturidade, aos 60 a "bobagens da juventude", aos 70 anos consiga entender com benevolência os desaforos de seu próprio neto. Mas isto é a expectativa estereotipada. Não é possível saber os significados que João dará, no futuro, à sua própria vida. Confiar nele é o que se pode fazer. A essa tarefa, sessão após sessão, o terapeuta se dedica.

As Palavras

O terapeuta se dedica a confiar em João. Frase curiosa! Confiar é co-fiar: seguir junto o mesmo fio. O que faz João, no consultório? Ele fala. E o terapeuta? Segue o fio da fala de João. Assim confia: seguindo, no correr do tempo, o discurso do outro. Participando, a seu modo, da trama que as palavras vão tecendo. Ouvindo muito, às vezes falando com o paciente. Voltamos à linguagem[45].

João reflete. Fala repetidamente da perda da avó. Na forma do seu discurso vou percebendo as expressões que se repetem. Algumas parecem ser meros hábitos verbais, sem maiores conseqüências, como o fato um tanto freqüente de perguntar um "né?" depois de certas frases. Outras locuções, no entanto, chamam a atenção pelo modo como são pronunciadas — uma alteração da voz, um silêncio antes ou depois da fala, um olhar mais insistente quando usa determinada palavra — ou pela solenidade com que são ditas, ou ainda pelo contexto em que são usadas.

Quando fala da perda da avó, João tem a tendência a entremear o discurso com expressões gerais, de uso corrente[46], como: "É terrível perder alguém próximo", ou "A morte é uma coisa tão incompreensível..." Mas provavelmente, enquanto *fala* essas trivialidades, estão lhe ocorrendo perdas específicas, perdas dele, ou está pensando na reação de outras pessoas que passaram também por situações como a sua.

Vou tentando, com observações do tipo "Mas afinal, de quem você está falando?", fazer o paciente voltar ao problema mais presente — os sentimentos ambíguos em relação à morte de sua parente. E um fenômeno curioso começa a se mostrar. Posso descrevê-lo com certa dose de metáfora: João está enfeitiçado pela palavra PERDA. Pois sempre lhe foi familiar a dor do luto; sempre viveu num meio onde *perder* alguém significa intenso sofrimento (ou, pelo menos, as pessoas agem como se assim fosse). Se ouviu falar de uma pessoa que *perdeu* um parente próximo sem sofrer, foi como ouvir falar de uma pessoa fria, sem sentimentos. Viu em diversos filmes a dor de pessoas chorando, dramaticamente, a morte de outras. Fingidamente ou não, as viúvas e viúvos de que teve notícia revelavam a dor de sua *perda*. Mais tarde, em suas leituras de psicologia vulgar, todas essas situações, e mais os rompimentos afetivos, os amigos que se afastam, os filhos que vão estudar fora, o fato de uma criança largar a chupeta, ou mesmo de deixar o calor do útero — nascer! — se cristalizam na palavra PERDA[47].

Imerso no peso desse contexto, ao identificar uma situação semelhante em que esteja envolvido, *João não pode deixar de sofrer*; caso contrário, seria identificado com um monstro, com uma pessoa fria, sem "sensibilidade". Ou, o que é pior, seria identificado com um homem alienado das regras que regulam as relações entre os membros de sua comunidade. A isto voltaremos.

Vou seguindo o fio das palavras do rapaz. A cada menção da perda, fico em silêncio. Procuro corresponder ao seu discurso naqueles lugares onde a conotação anterior da palavra não está presente. Depois de algumas frases do tipo "É duro perder alguém", "Acho que sou insensível, afinal não me desesperei quando ela se foi", com o terapeuta em absoluto silêncio, João pára um pouco e diz: "Outro dia levei minha namorada lá em casa. Lembrei da minha avó, que não a conheceu". Está pensativo, um pouco triste. A avó, *agora*, está presente. Esta fala é presentificadora; traz para o consultório, juntos, o passado e o presente. Traz também um sonho, a possibilidade de harmonia entre a senhora e a moça, entre as mulheres da vida de João, entre suas origens e seu projeto. Traz uma inteireza, a expressão da singularidade de uma vida, neste momento de junção do presente e do ausente — o consultório e a vida. É a sin-tese — onde se cria uma fusão tal que ressalta a individualidade das partes[48]. Ao invés de descaracterizá-las, cria as condições de elevar cada elemento à sua expressão mais própria[49]. Esse clima só pode existir quando se dá a ruptura com a palavra enfeitiçadora. Agora talvez um leve sorriso do terapeuta seja suficiente para marcar o momento. Ou uma observação que soaria absurda a um terceiro observador: "Como estão as duas, juntas?" Esses diálogos "loucos" são o que há de mais íntimo em psicoterapia. Ali a linguagem rompe com seu perfil habitual, de acervo comum a tantas pessoas, para se tornar naquele instante propriedade exclusiva do terapeuta e seu cliente[50]. A palavra bem-dita faz surgir a intimidade há tanto tempo preparada, unindo pessoas diferentes em torno de um mesmo sentido — e, como síntese, ressaltando a individualidade de cada um[51]. Mostra a possibilidade de uma aproximação singular com o outro, devolvendo a João, perdido no genérico, a sua humanidade. Dura talvez alguns segundos, mas permanecerá sempre como possibilidade a ser experimentada. Podemos dizer agora: o caminho da cura é a pro--cura da palavra em sua intimidade.

E quantas vezes já mencionamos as palavras! Começamos nosso assunto em torno do termo "psicoterapia". Daí por diante seguimos com as falas do cliente, entremeadas pela escolha criteriosa de cada intervenção do terapeuta. Ser terapeuta se aproxima disto: falar apropriadamente, dessa maneira às vezes pouco usual, onde o detalhe freqüentemente suplanta o eixo principal do discurso, onde um silêncio pode mudar toda a inflexão do sentido dos acontecimentos, onde um ouvinte desavisado identificaria um absurdo.

O diálogo, em psicoterapia, difere radicalmente de um falar "qualquer". Não é um simples "bate-papo", como querem fazer crer alguns de seus detratores.
No processo psicoterápico a palavra aprisionadora é denuncia-

da, e são criadas as condições para proferir a palavra libertadora. O aprisionamento aponta para o lugar onde a libertação pode acontecer — assim como a mentira só pode existir onde há verdade a ser dita[52].

Ainda imerso na atmosfera criada pela pergunta "Como estão as duas, juntas?", João diz: "Só falta minha mãe". Sorri com tristeza, os olhos baixos, centrado na cena. E quantas possíveis atitudes se abrem, aqui, para o terapeuta! Pode ficar em silêncio, deixando o paciente com seus personagens, esperando dele outras revelações. Pode decidir dizer: "E seu pai, onde está?". Ou ainda: "Como você se sente, com suas três mulheres?" Pode ainda entrar por outra via: "Você teme que sua namorada também o abandone?"

Cada uma dessas intervenções tende a abrir um contexto diferente de significações. Cada uma delas *oferece* a João caminhos possíveis onde situar seu discurso — um oferecimento que pode ser recusado. Na escolha da atitude a ser tomada, o terapeuta se baseará em seus pressupostos teóricos e na história do seu relacionamento com o paciente. Mas procurará, acima de tudo, manter o diálogo nesse tempo peculiar onde passado e futuro, realidade e fantasia se encontram sem se confundirem, e onde a palavra pode libertar[53].

Dentro desta perspectiva, não faz o menor sentido falar que o paciente "não está pronto" para ouvir uma determinada "interpretação". Esse tipo de colocação supõe que o terapeuta saiba coisas de seu cliente que este mesmo "ainda" não sabe, atribuindo ao "interpretador" um poder que ele não tem. Não há dúvida de que, em muitas condições, o terapeuta pode prever com bastante segurança qual será a atitude do cliente frente a uma dada situação. Mas isto só é possível porque, em geral, o paciente está agindo conforme os estereótipos de sua cultura, e é *isto* que o terapeuta conhece — e não as "motivações inconscientes" do outro.

Depois dessa digressão, voltemos ao nosso caso.

Rapidamente opto por uma das alternativas de intervenção. Deixo algum silêncio entre as palavras de João e as minhas. Arrisco: "E seu pai, também pode estar com elas?"

Vou procurar descrever os pressupostos dessa opção. Mas é

necessário insistir: as outras intervenções citadas como exemplo também podem ter seu suporte teórico exposto. Aqui há somente escolha; a certeza de que ela foi bem feita (ou não!) só pode vir *a posteriori*. Nestes momentos, o que conta é a arte da psicoterapia — não a arte como qualquer tipo de "intuição transcendente", mas como a intimidade que o profissional adquire com a experiência humana compartilhada. Arte e ciência encontram aqui seu solo comum. Não foi desse modo que conceituamos, no início do texto, a experiência psicoterápica?

Há tempos eu observava a ausência do pai de João em suas verbalizações. Seria ele (o pai) uma pessoa muito apagada? Certa vez, em nossos primeiros encontros, o rapaz falou que seu pai o humilhava. Evitar seu nome seria evitar um assunto muito tocante, ou muito desagradável? Essas perguntas me ocorriam há algumas sessões. Mas é preciso cuidado; indagações desse tipo não podem se tornar uma mera curiosidade, mero "espírito investigativo" do terapeuta. Elas se baseiam num dado conceito sobre a formação da personalidade de cada um de nós, habitantes de uma mesma cultura. Baseiam-se, entre outras considerações, na importância atribuída à convivência do indivíduo com o pai. Supõe-se que desde cedo a criança perceba, nessa situação, um primeiro modelo de comportamento masculino — para dizer o mínimo acerca do papel do pai no meio familiar. Posteriormente, ela vai dar outro significado a essas experiências iniciais. Mas a força da presença paterna ali está, em maior ou menor grau, nas recordações pessoais e na carga de influências culturais[54].

No mexer e remexer dessas lembranças, a palavra *pai* virá envolta num plexo de referências a que pertencem os conceitos de homem, autoridade, masculinidade, com todos os padrões de conduta e todos os estados afetivos aí envolvidos[55]. Trazendo o pai, trago a João também o complemento que faltava à sua família. Ofereço assim um imenso campo de significações para ele se movimentar. Se aceitar o convite, mostrará — com palavras — como se situa frente a essas referências familiares fundamentais.

João está sério. Fala: "A família toda junta... Nunca imaginei isso. Pensar nisso é bom, mas também é triste, não é mais possível". Está agora menos sério. Sorri de um jeito característico, meio triste, introspectivo. Olha para o relógio, diz que está na hora de acabar a sessão. Despede-se e sai da sala.

Nas sessões seguintes não voltou ao assunto. Mas notei que a nossa cumplicidade tinha chegado a um ponto ótimo. Algum tempo depois deixou a terapia, dizendo sentir-se bem e notando que o problema gerado com a morte da avó não o atormentava mais.

Vou resistir à tentação de dar como "resolvido" o "problema" com o pai, reaparecido nessa sessão (através da minha intervenção) e vivido de forma tão intensa. Colocar as coisas nestes termos nos envia ao conceito tradicional de cura, que será nosso próximo objeto de consideração. Mas não vamos deixar João escapar de nós tão facilmente. Voltaremos a encontrá-lo ainda muitas vezes, no decurso dos próximos capítulos. Em psicoterapia, a história nunca é linear!

A Cura e seus Significados

Qual foi o papel da terapia? Podemos dizer agora: não deixar o universo de João fechado num mesmo círculo. Aproximando-o algumas vezes de cenas ou formulações que ele quis evitar, afastando-o outras vezes de concepções radicalmente cerradas, manteve sempre presente a possibilidade de constelações alternativas para as situações problemáticas. Foram movimentos feitos num espaço densamente afetivo. Duas pessoas só chegam juntas a tal região numa relação de confiança estabelecida com solidez. E a única via de acesso para isso é um relacionamento íntimo e prolongado. Confiar em João é confiar no trabalho da psicoterapia? De certo modo, sim. Posso observá-lo saindo de casa, engajando-se em atividades produtivas, procurando seu caminho. Nada indica obstáculos sérios ao prosseguimento da vida. Obviamente, amanhã poderá surgir um impedimento à consecução de seus planos, mas isto pertence a uma esfera à qual não temos acesso. João estará curado? Vamos nos entender um pouco sobre esse tema: a cura.

A psicoterapia é vista geralmente calcada num modelo médico; a neurose é uma doença, livrar-se dela é atingir a cura[56]. Sabemos não ser este o melhor contexto para descrever o desenvolvimento da tarefa de paciente e terapeuta, durante o tempo em que

49

se encontram regularmente. No entanto, quem procura aliviar seus sofrimentos através deste caminho já chega com uma concepção a respeito dele. Vamos procurar caracterizá-la.

O paciente concebe um modelo de "curado" já pronto, a ser alcançado de algum modo através do seu contato com o terapeuta. Por modelo entendemos tanto um estado a que se quer chegar, como um comportamento a adquirir, ou mesmo um jeito ou comportamento a ser repudiado. Esses padrões podem estar encarnados em outra pessoa, em alguém que o paciente já foi — em seu próprio passado, portanto, ou num modelo ideal de ser, fornecido por um mito — seja religioso, filosófico ou simples "modismo". Isto pode estar muito claro ou se manifestar mais vagamente.

Mas há um tempo — momentos decisivos do processo de psicoterapia, em que o tempo adquire um valor qualitativamente diferente — em que o paciente, sem intenção de fazê-lo, abandona alguns padrões já dados, e então pode cuidar de si[57]. Os antigos modos idealizados de ser já não constituem o horizonte para onde dirige suas considerações. Instala-se quase "um vazio de padrões", uma ruptura com sonhos cristalizados, freqüentemente inexeqüíveis. Assim vai ao encontro da cura, esta também um vazio de padrões; pois vai ser construída como se nunca houvesse cura antes, assim como a teoria do terapeuta se (re)descobre a cada caso. Se nos parece que alguém "curado" por psicoterapia passou com sucesso por um dado processo, é porque focalizamos primeiramente seu estado atual, e vemos as peculiaridades desse processo tendo como base um sentido que tomamos ao ser já "curado"[58].

A cura é percebida como sendo elaborada em alguns momentos pinçados do processo total da terapia, como nossa história, hoje, é percebida como uma costura de momentos significativos de nossa vida.

Mas aparece, aqui, uma questão fundamental. Se não há como abarcar "tudo" o que aconteceu, que "momentos significativos" serão esses? A resposta é simples. A cada instante selecionamos as vivências que dão sentido ao nosso pensar sobre nós, sobre os nossos projetos de agora. E não "somos" essas vivências. Somos, antes, a possibilidade de costurá-las com sentido[59].

O terapeuta propiciará, sempre, as condições para João se aproximar desse modo de ser originário.

O paciente vai se colocar na aventura terapêutica achando que o terapeuta sabe de antemão o modo como vai conduzi-lo, e mesmo como se dará a cura. Precisa, pelo menos inicialmente, deste suposto saber encarnado no outro[60]. Posteriormente vai abandonar esta idéia, às vezes com enorme pesar; sente-se então desamparado e traído. Só ao fim do percurso, se este for bem-sucedido, notará que tanto a cura como os momentos básicos em seu elaborar-se são reconhecidos como tais somente depois de efetivados. A cura será, sempre, um conceito *a posteriori*; a concepção singular de "estar curado" não poderá jamais preceder ao seu elaborar-se.

Há mais a ser dito. Como alguns fenômenos já referidos antes no texto, a cura foge, ao ser buscada. É um fenômeno decorrente desse encontro humano muito especial entre terapeuta e cliente, em seu espaço próprio. A situação aí encontrada foi estudada a fim de criar condições onde a cura é possível. Mas outras relações podem ser igualmente terapêuticas, apesar de não estruturadas especificamente para esse fim.

A cura não se dá necessariamente apenas na terapia; dá-se também na vida. Muitas experiências terapêuticas se passam para lá da porta do consultório. Podemos dizer que vivemos criando condições para nos curarmos, se atentarmos para o conceito de cura que vimos perseguindo. Assim cuidamos da vida[61]. A neurose vai explodir ao perdermos a capacidade de criar o âmbito da cura em nosso dia-a-dia[62].

E no percurso invertemos tudo: "curar" — um verbo, e não "a cura", um substantivo — passou a ser anterior à neurose! Mas notemos que não há um sentido temporal nessa ordem. Percorreremos, propositalmente, um raciocínio circular. Partimos do conceito usual de cura (o substantivo) para caracterizá-lo; e no lugar dele ficamos com o verbo curar, com um sentido amplificado.

É ilustrativo, neste ponto, recordar uma sessão de João. Ele falava a respeito de sua mãe, e subitamente recordou a época em que ela o ensinou a andar de bicicleta. Ele procurava equilibrar-se; ela procurava não demonstrar ansiedade por uma possível queda do filho. João a descreve correndo esbaforida ao lado da bicicleta, tensa, o rosto crispado, os braços perto do corpo dele, dizendo: "Cuidado... agora vira a direção... segura bem..." Querendo ou não, escancarava para o menino seus pavores. Mesmo se conseguisse ficar calada, ela revelaria o medo pelo modo de se comportar frente à situação.

Em ocasiões assim, de nada adianta ler todos os fascículos da coleção "Como educar seu filho". Ao tentar cuidar do menino, a mãe de João tentava atabalhoadamente cuidar de si mesma; e certamente não era esse excesso de zelo o melhor modo de criar seu âmbito de cura. Acabou desistindo de ensinar o filho. Ele aprendeu depois, sozinho, a andar de bicicleta, e nem sabe dizer "como" aprendeu.

Assim foi também com João e sua avó. Queria dominá-la, moldá-la a seu modo, e não conseguia. Até tentava, mas (como sua mãe) a tentativa saía atrapalhada. O estômago doía. Não dava certo. Ao resolver cuidar de si, e não da avó, tornou possível a reconciliação — e talvez não saiba dizer "como" isso aconteceu.

João se culpava, pois de certa perspectiva percebia sua estreiteza de recursos para lidar com a situação. Mais tarde, ampliando a compreensão de sua história, foi deixando o problema para trás. Criou o ambiente da cura. Ficou maior que a culpa.

As dores de estômago de João cessaram. Pouco conversei com ele, diretamente, sobre esse estado do seu corpo. Lembremos que, na relação entre corpo e mundo, nenhum dos dois está em segundo plano, pois o corpo se forma em concordância com o mundo onde sua tarefa deve ser executada[63]. A idéia corrente de "somatização" pode ser entendida como uma incapacidade temporária do indivíduo para transitar pelos significados possíveis de uma situação muito próxima. Ali está o mundo com sua configuração, há algo a ser feito, mas os meios de assimilação e ação não aparecem. O sistema entra em colapso. Corpo e mundo escapam à compreensão. João me dizia: "Tudo isso me atinge lá no fundo da alma". Atinge-o, no fundo da barriga, e ele é incapaz de encaminhar seus problemas com a avó. Nem mesmo é capaz de executar a mais primitiva das maneiras de lidar com o outro: a agressão eficaz. Encontrado um sentido para o conflito, a dor cessou.

O sistema harmonizou-se. João me disse: "Meu estômago sarou". Poderia ter dito: "Minha alma encontrou seu espaço de cura". Voltaremos a esse assunto mais detalhadamente.

Falamos por diversas vezes em criar o âmbito da cura. Em sua descrição, o processo parecia alguma coisa individual. Mas, durante toda a vida, o indivíduo está sempre com os outros. No contato com as pessoas que formam seu mundo ele se reconhece, a cada momento, pela maneira como é tratado. Imagine-se alguém acordando, um belo dia, com todos os seres que lhe são familiares tratando-o de maneira completamente diferente da habitual. Talvez ele se julgasse louco, como já sugerimos, pois as relações com nossos semelhantes, principalmente com os mais próximos, dia após dia nos asseguram de nossa própria identidade. E o fazem numa proporção dificilmente detectável, escondida que está pelo nosso envolvimento com as nossas tarefas do cotidiano.

As diversas facetas desse tema, além de estarem estreitamente vinculadas ao quadro lingüístico já considerado, exigem uma incursão no campo da psicossociologia.

Os diversos grupos da sociedade possuem sistemas de crenças bastante consistentes, capazes de explicar toda sorte de coisas[64]. Um macrobiótico possivelmente explicará a desordem emocional através da alimentação desequilibrada, e isto é coerente com os princípios em que acredita. Alguns espíritas talvez vejam no mesmo distúrbio a presença de um espírito obsessor acompanhando o doente. Um homem como João, como já vimos, absorvendo um dado conjunto de idéias, pensa o mesmo indivíduo como sendo vítima de processos inconscientes. Já mencionamos isto, antes, como um sentido crítico — e ainda voltaremos ao assunto.

Cumpre desvelar, agora, a função extremamente importante desses sistemas. Ninguém vive totalmente desvinculado deles. Uma pessoa perturbada, não podendo referir a um saber coletivo o estranhamento que sente em si mesmo, perderá suas referências humanas. No limite, isto equivale a perder sua própria noção de existir como homem. Não é por outra razão que o cliente freqüentemente pergunta ao especialista o nome de sua doença. Nomear não vai curá-lo, mas traz a confirmação da pertinência do distúrbio a um acervo conhecido, referendado pelo sistema científico. O diploma do profissional autentica socialmente o ato de nomear. Este processo nos é familiar![65] Os próprios sistemas acolhedores do desviante mostram o caminho de volta à normalidade instituída. O macrobiótico falará em mudança alimentar. O espírita talvez mencione uma sessão de desobsessão. O leitor de psicologia pensará numa psicoterapia. Em níveis mais restritos, a estrutura vigente se manifesta de formas por todos conhecidas, cercando as ameaças à ordem estabelecida. Uma pessoa pode até mudar de maneira radical seu modo de ser, conforme as circunstâncias com que se depara. Mas em geral a mudança operada só é socialmente aceita depois de sérias resistências. Quem já não enfrentou de um amigo uma expressão entre a estranheza e a repreensão, acompanhada da pergunta: "Ué, o que aconteceu com você? Está tão diferente!"

A família e os grupos de pressão próximos ao indivíduo — amigos, colegas de escola e de trabalho, por exemplo — têm diversas técnicas para induzir o mutante ao conformismo. Uma continuada expressão de desagrado por parte das pessoas queridas pode ter um poder de persuasão maior que um interrogatório policial. Frente a reações assim, muitas possíveis modificações de atitude perante a vida são abortadas no início.

É neste contexto de indução ao conformismo que a psicoterapia muitas vezes é acusada de ajustar o indivíduo às normas vigentes. No entanto, através do relato do caso de João, é possível ter outra visão do que se passa. A psicoterapia pretende ser, numa formulação ideal, um hiato decisivo no *continuum* das crenças e pressões sociais. Por esta razão, a atmosfera do consultório é chamada de "permissiva". Um microcosmo social acolhedor dos novos sentidos que o paciente pode imprimir à sua existência, onde ele aprende a criar seus próprios eixos de referência.

Essa visão, no entanto, corre o risco de parecer ingênua. Assim como o cliente, o terapeuta pertence a grupos que têm suas próprias marcas ideológicas. E com um agravante: o terapeuta aprendeu psicopatologia! Esse fato merece um capítulo à parte.

Psicopatologia
e Cura

Do mesmo modo que seu paciente, o terapeuta nasceu e cresceu falado e falando em meio a um turbilhão de palavras, devidamente articuladas em significações peculiares a um meio cultural. Enquanto João tentava se livrar de seus tormentos estudando os fenômenos psíquicos em livros de qualidade duvidosa, o terapeuta — sabe-se lá por quê! — resolveu estudar psicologia numa faculdade. E recebeu dos professores uma outra teia de palavras, tradicionalmente reservadas para descrever o estado psicológico dos outros, especialmente quando esses "outros" são *neuróticos* ou *psicóticos*, palavras estas originárias do vocabulário técnico, mas hoje apropriadas pelo linguajar comum.

A psicopatologia é um conjunto de descrições de sintomas, conformando quadros mórbidos. Suas expressões técnicas também se tornaram familiares ao indivíduo medianamente esclarecido: esquizofrenia, depressão e fobia, por exemplo, são termos freqüentemente ouvidos em meios não especializados. O objetivo da psicopatologia é descrever os estados patológicos da mente, tornando possível, a quem lhe domina o edifício teórico, distinguir entre as diversas "doenças mentais". E aqui começam as dificuldades.

Quando um grupo social (no caso, os profissionais de saúde mental) erige um vocabulário específico para se referir a um conjunto de fenômenos (no caso as "doenças mentais"), corre o risco de pensar que, com essa operação verbal, passa a deter a "verdade" sobre esses fenômenos. Muito já foi escrito sobre o tema[66].

Ao descrever o caso de João, estivemos trabalhando com um conceito de *verdade* incompatível com o modo tradicional de encarar a psicopatologia. Por outro lado, a utilidade e mesmo a necessidade de trabalhar com a patologia, na prática do atendimento psicoterápico, leva-nos a tentar uma formulação do problema de modo condizente com nosso enfoque terapêutico.

João não apresenta nenhuma patologia grave. Para as considerações que se seguem, temos de deixá-lo um pouco de lado. Voltaremos a ele mais adiante.

Comecemos nossa indagação por um quadro freqüente na prática psicoterápica: a depressão. Com o progresso da bioquímica, sabemos hoje que algumas drogas têm um efeito comprovado na melhora do estado psíquico do paciente depressivo[67]. Por melhora, neste caso, entendemos uma série de mudanças passíveis de observação: o cliente passa a ter maior motivação para a ação, volta às atividades produtivas que praticava antes, relata uma melhora em seu estado subjetivo ("sente-se melhor, mais bem disposto"). Sabemos ainda que é possível distinguir, por sinais diagnósticos, uma depressão de cunho predominantemente endógeno[68] (ou seja, efeito de um distúrbio bioquímico) de uma depressão com causas principalmente exógenas, também chamada depressão reativa.

Os dois tipos de afecção costumam reagir bem às drogas antidepressivas. Porém administrá-las a casos de depressão reativa pode desmotivar o cliente a procurar ou a continuar uma psicoterapia, pelo relativo bem-estar que o remédio proporciona. Assim, acaba por privar o paciente de uma experiência mais rica e abrangente do que tomar uma pílula.

Por outro lado — e este aspecto é freqüentemente negligenciado por alguns psicoterapeutas —, na maioria das vezes, não é possível criar o âmbito da cura em casos de depressão endógena sem tratamento medicamentoso. E mesmo com o auxílio químico, a remissão desse quadro não é tarefa fácil. De maneira até mais dramática, essa formulação vale para os estados classicamente descritos como esquizofrênicos, e ainda para outras configurações mórbidas.

Achamos necessária esta digressão para que não se atribua à psicoterapia um poder curativo absoluto, sem o recurso a outras formas de tratamento.

Em outro extremo do espectro, encontramos profissionais de saúde com formação predominantemente biológica encarando a psicoterapia como um mero "bate-papo" sem grandes conseqüências. A estes cremos que o texto já forneceu argumentos para uma possível mudança de visão[69]. No estado atual do conhecimento sobre tudo o que se relaciona com a mente — incluindo aqui a bioquímica do cérebro — é preciso deixar claro que ninguém detém a "verdade" sobre a definição e sobre o tratamento dos desconfortos psíquicos. Elaborar um vocabulário complexo acerca desse campo de investigações pode aprisionar o próprio investigador, como vimos em outro contexto. Ao descrever o caso de João percorremos essa perversão da palavra e sugerimos alguns caminhos para escapar do estreitamento subseqüente. Podemos fazer algo parecido num assunto eminentemente teórico?

Para dar uma resposta vamos voltar a João. Às vezes ele chegava no consultório bastante deprimido. Já havia ido a um médico especializado, que lhe receitara calmantes, e não um antidepressivo. O profissional, portanto, não diagnosticou uma depressão endógena. Além disso o abatimento e a tristeza de João foram sendo claramente relacionados a acontecimentos de sua vida. Mas, ao rever teoricamente o caso, o terapeuta organiza a seu modo as relações entre estado clínico e fatos vividos. Essa organização é uma fantasia?

É possível — *esse risco está sempre presente*. O terapeuta tem até as ferramentas para se convencer de suas elocubrações — uma rede de palavras tramando conceitos bastante sofisticados acerca das vinculações entre depressão e acontecimentos da vida. Chegamos, assim, a mais uma indagação: como se garantir contra o risco?[70]

A resposta é clara: não há garantia absoluta *a priori*. Mas sabemos que João melhorou, voltou a ser produtivo, a ter maior alegria de viver. Como já foi sugerido antes, estabelecer uma ponte entre seus sofrimentos e as agruras da vida mostrou-se, *a posteriori*, eficaz para criar o âmbito da cura. Será possível, apesar dos riscos, dar um passo adiante? Será possível (com muito cuidado!) pensar em algumas generalizações? Podemos supor que casos semelhantes melhorem com procedimentos semelhantes?[71]

A negação radical da pergunta torna impossível qualquer teorização em psicoterapia. Sua afirmação peremptória cria uma psicopatologia mecânica e rígida, "dona da verdade". Torna-se necessário olhar o problema de um ângulo novo, o que não deve ser confundido com "tomar o caminho do meio". Não se trata de "não ser radical", de "fazer média" com as duas abordagens da questão. Nosso ponto de partida será outro.

Quando nos deparamos com a pessoa singular que é o paciente e o confrontamos com a generalidade da classificação psicopatológica e suas regras, estamos novamente naquele ponto mencionado no início do texto: a fronteira entre arte e ciência. Ora, não é sensato negar a utilidade das descrições e das indicações de procedimento que a prática tradicional preconiza (como vimos no caso das depressões). Tomamos então o caminho de ampliar o sentido da descrição livresca, de modo a aproximar a feição singular com que a patologia se apresenta neste cliente. Procuramos entender como ele se relaciona com a afecção e de que maneira ela se constela nos rumos da vida do indivíduo. O processo já é familiar: recriar a psicopatologia a cada caso. Dito, agora, em outros termos: fazer uma permanente psicoterapia *da* psicopatologia. Ou ainda: criar para a psicopatologia seu âmbito de cura.

João chegou a mencionar algumas vezes a sua depressão. Meu procedimento foi similar ao adotado quando ele falava da "perda" (se bem que mencionou menos a depressão que a perda, durante a psicoterapia). Quando a tristeza e a desmotivação eram expressas num quadro abrangente, longe do "senso comum", de preferência inseridas no desenrolar de fatos narrados com algum envolvimento, o momento era marcado por uma intervenção minha. Nas ocasiões em que a sessão evoluía favoravelmente, o estado psicológico de João se tornava mais intenso, o enredo era mais presente. Nessa atmosfera a vinculação do estado depressivo com a impotência em ver saídas para o luto era quase imediata. A depressão se anunciava no lugar onde ela tem um sentido, ou seja, no projeto do paciente — em especial, aqui, como arauto das dificuldades desse projeto[72]. O encaminhamento do problema foi favorável ali onde não se falou *da* depressão, mas sim do contexto de uma vida onde ela adquiria sua razão de ser.

Esta é apenas uma idéia muito resumida dos problemas apresentados pela psicopatologia e suas aplicações na clínica. Tentei abordá-los por um lado prático; considerações teóricas mais abrangentes fogem ao objetivo deste texto. Referenciado pelos padrões de sua cultura, João sabe que não é "louco", mas se percebe como um indivíduo "problemático". O próprio ambiente cultural fornecerá as possíveis explicações para esse vago mal-estar, que o paciente mesmo designa como "neurose". Já percorremos este assunto. No próximo capítulo, o tema será abordado ainda uma vez, sob outro ângulo.

Sexualidade e Cura

João certamente não é tão problemático que justifique um tratado de psicopatologia. Mas é problemático o suficiente para especular sobre a causa de seus males. E para isso há muita informação disponível no "mercado psi". Já conhecemos o paciente e seu hábito de ler livros de divulgação de temas psicológicos. Foi através dessas leituras que João trouxe para a sessão algumas indagações acerca da importância da sexualidade como causa dos distúrbios afetivos. Onde estava, afinal, essa tal importância, se no consultório pouco falamos sobre sexo? O raciocínio do rapaz se baseava no seguinte encadeamento lógico. Ele se relacionava sexualmente com a namorada de maneira bastante satisfatória. Mas como "os livros não mentem", *deve* haver algum problema sexual que está sendo negligenciado na terapia. O que pensa sobre isso o terapeuta?

É mais que evidente a importância do assunto na vida de cada um. Mas a sexualidade humana é vivida ao nível cultural, o que torna difícil delimitar uma dimensão "puramente sexual" (se é que existe isso) ou "originalmente biológica" nos fenômenos emocionais. Aprendemos culturalmente a comportarmo-nos como homem ou mulher — e isto é tão importante quanto nascer com os órgãos genitais apropriados para a função. Os distúrbios sexuais, em sua imensa maioria, estão de tal modo vinculados a problemas afetivos e culturais, que abordar qualquer lado desse vínculo tomando-o como "causa" do outro lado é uma atitude totalmente arbitrária.

Uma incursão pela antropologia e pela psicologia animal será útil para dar a dimensão apropriada ao fator cultura em relação ao tema que nos ocupa. Em muitas mitologias onde o Céu tem o papel de divindade suprema, a Terra é representada como sua companheira. Nos rituais de casamento, a união entre o noivo e a noiva vai simbolizar a cópula primordial entre Céu e Terra, que deu origem ao mundo. A cerimônia imita um arquétipo divino, um acontecimento ocorrido no início dos tempos. Isto difere radicalmente da união profana, pois esta é apenas um intercurso carnal[73].

Dentro da imensa distância que nos separa das civilizações onde a sacralidade permeava cada ato significativo da atividade humana, podemos imaginar a qualidade (por assim dizer) das emoções que se apossavam do noivo e da noiva. A que distância está essa união daquela em que um homem procura uma prostituta para aliviar a te(n)são! Nada há de comum entre essas duas relaçõe sexuais, afora o que neste caso talvez se possa chamar de "estritamente biológico" — a penetração dos órgãos genitais.

Abordar o assunto por essa perspectiva torna sem validade a transposição dos estudos sobre a sexualidade dos animais para a esfera humana. Segundo algumas escolas de pensamento, o instinto se manifesta de forma "pura" nos animais para depois, numa escalada evolutiva, chegar à sua "manifestação" humana. Pensar dessa maneira, no entanto, é deixar de lado todo campo simbólico que a cultura empresta ao comportamento sexual dos homens, qualitativamente distinto da atividade de qualquer outro organismo. A psicoterapia existencial pretende buscar a compreensão dos fenômenos que abarca em âmbito especificamente humano.

Acreditamos que as considerações feitas neste parágrafo valham também para os estudos sobre a agressividade.

Depois dessa digressão, voltemos à nossa pergunta. O que pensa o terapeuta a respeito da sexualidade como fundamento dos distúrbios afetivos?

Se um cliente nos relata hábitos e preferências sexuais, certamente acabaremos sabendo muito sobre ele, e não somente acerca das manifestações do seu erotismo. Mas ao investigarmos com minúcia qualquer outra área significativa do comportamento de uma pessoa, durante um tempo adequado, aprenderemos alguma coisa sobre sua personalidade. O indivíduo mostra características básicas em todas as esferas de atuação. É o "jeitão" de cada um. Se não fosse assim, como poderíamos pretender conhecer o cliente na sessão de psicoterapia, tão diferente das situações de vida fora do consultório? O instrutor de judô experiente conhece a personalidade do aluno pela maneira de lutar. O comportamento apresentado em classe permite ao professor dedicado observar o caráter do aluno. Para quem acredita numa estreita vinculação do homem com o cosmos, a posição dos astros no momento do nascimento fornece ao astrólogo elementos para ler as características do consulente. Cada área de atividade desenvolve, ao longo do tempo, uma linguagem específica, adaptada ao ângulo de visão que lhe é peculiar e às facetas humanas que deseja descrever e/ou modificar.

Sem dúvida entramos novamente nos problemas da relação entre mapa e território. O perigo de confundir um com o outro está sempre presente. Não negamos que a sexualidade pode ser um *mapa* valioso, onde o indivíduo/território pode ser lido (sempre com a limitação dos mapas). Apresentando-se em todos os seres vivos, a enorme variedade do comportamento sexual serve como elemento de comparação entre espécies e entre os membros de uma mesma espécie. Neste sentido, além de valioso, o mapa "sexualidade" chega a ser privilegiado, podendo servir como base para observações acuradas sobre o comportamento humano. Mas discutimos, aqui, o postulado da *origem* fundamentalmente sexual dos distúrbios psíquicos, além de chamarmos a atenção para a parcialidade de centrar o processo psicoterápico nessa questão.

As escolas de psicoterapia defensoras de um pan-sexualismo foram progressivamente diferenciando sexo de sexualidade, entendida esta quase como uma forma generalizada de "energia psíquica". Desenvolvimentos posteriores sofisticaram ainda mais as explicações neste campo. Não cabe entrar aqui no mérito da questão. O importante para a finalidade deste texto é marcar uma posição frente ao assunto.

A psicoterapia existencial não pretende ter um mapa que sirva de orientação prévia para a leitura das pessoas. Ao contrário, ao ampliar os significados possíveis da realidade, almeja devolver ao cliente a tarefa de traçar seus próprios mapas, a partir dos quais pode e quer ser visto. Nesta acepção, *curar* a sexualidade aponta para a abertura de sentido que a expressão sexual adquire na *totalidade* da vida do cliente.

João se relacionava satisfatoriamente com sua namorada, como já vimos. Mas expressava seu desejo por outras mulheres. E, quando o fazia, as palavras e a entonação de voz que usava eram bastante diferentes daquelas com que se referia à sua companheira constante. A maneira de desejar era diferente, diria o observador.

João não procurava sair com as outras moças. Ele mesmo dizia que "reprimia" seus desejos, para não magoar a pessoa que amava. Mas quando falava isto, seu rosto não expressava nenhum desagrado; e o leve meneio de cabeça com que o discurso era acompanhado dava uma satisfação ao interlocutor — no caso, a mim — como quem diz: "A vida é assim mesmo..." A palavra "repressão", aqui, é bem empregada? Tecnicamente, *não*. E mesmo em seu uso coloquial o termo induz a enganos. Vejamos.

Dois pontos, a esta altura, se destacam. Por um lado, João cresceu em um meio social onde uma das glórias masculinas é colecionar relações sexuais; essas proezas são largamente apreciadas nas conversas de seus amigos, confirmando a pertinência de cada um ao grupo do "sexo forte". Com seu gesto, "dizia" para o terapeuta (do sexo masculino): "Bem que eu queria tê-las, mas aguento o sacrifício".

O segundo ponto vai se ater a essa palavra: sacrifício. Etimologicamente sacrifício é *sacrum-facere*, tornar sagrado, dar ao ato a direção de uma realidade maior. Em nossa linguagem: inserir a ação num contexto de sentido, onde um projeto se descortina. Em se tratando de sexualidade, isto inclui uma outra pessoa — também ela com suas direções de vida. Este movimento é radicalmente diferente de "reprimir", "prensar de volta" o desejo para o lugar de onde ele veio. Aqui o desejo não "volta", mas aponta em direção a um futuro comum. Note-se também a diferença de simplesmente obedecer a uma regra *moral*, imposta por uma autoridade. Neste caso, o ato em si perde o significado, tornando-se repetição mecânica, servindo unicamente ao propósito de se manter dentro da regra, pelo temor das sanções previstas no código cultural.

A renúncia que João fazia ao desejo por outras mulheres pode adquirir, assim, uma dimensão totalmente diferente. E perguntamos: é possível isolar o "simplesmente sexual"? Não; a sexualidade só pode ser resgatada em todo o seu encanto no contexto global da vida em que se expressa.

É óbvio que o sacrifício poderia se encaminhar de maneira totalmente oposta à descrita; é possível sacrificar a segurança de um relacionamento constante em prol de um conhecimento mais intenso da variedade das pessoas do sexo oposto. Ou optar pelo caminho do herói de Gabriel Garcia Marques, em *O amor nos tempos do cólera*: ir experimentando cada uma das mulheres, enquanto a amada não estiver disponível...

À psicoterapia existencial cabe inserir a opção do cliente no contexto de sua vida. Mas a feição dessa escolha cabe exclusivamente a cada ser humano.

Angústia, Culpa e Cura

Temos visto ao longo da nossa exposição que a cura não é algo pronto; não se pode saber previamente "como" acontece. Se acontecer, vem como conseqüência de uma aproximação íntima e demorada, procurada nas brechas que o sujeito pode abrir em seu modo de ser já cristalizado. E enquanto não acontece, o paciente muitas vezes imagina como se sentirá ao final do processo terapêutico. João falou repetidas vezes em entrar num estado de bem-estar absoluto. Isto fazia parte de sua fantasia de "estar curado". A mesma esperança (vamos chamar assim) é trazida ao consultório por grande parte dos clientes. A procura de sentido, esse eterno recomeçar, soa como um fardo.

João sempre expressava esse peso. Às vezes repetia: "A vida não é mole". Um dia trouxe para a sessão uma decisão especialmente difícil de ser tomada. Tratava-se de uma oportunidade para mudar de emprego. Depois de expor o problema, comentou: "Para você seria fácil, você é psicólogo, tem equilíbrio para pesar bem as coisas e escolher a melhor. Eu me atrapalho todo, perco o sono, fico nervoso".

Perguntei: "O que faz você pensar assim? Você só me vê aqui nesta sala; como sabe tanto a respeito das minhas decisões?". João apenas respondeu: "Você é psicólogo, ora essa. Se você também se embananasse, o que é que eu estaria fazendo aqui?"

Existe nessa fala do cliente uma concepção de psicólogo como um ser que atingiu um tal grau de autoconhecimento que sempre tem certeza do que vai fazer, sempre escolhe o caminho "certo". Essa imagem social é difundida. É freqüente o espanto de algumas pessoas frente às emoções fortes expressas por um psicólogo, notadamente se este, por qualquer motivo, numa situação do dia-a-dia, mostra raiva ou é agressivo. A concepção é tão arraigada que mesmo os familiares costumam, nas desavenças domésticas, dizer com ironia: "Não sei para que você fez psicologia!".

Sem dúvida (e disto tratamos no capítulo introdutório), o terapeuta deve ter passado por um processo psicoterápico, o que leva a pressupor que tenha desenvolvido uma razoável percepção do próprio comportamento. Mas é claro que ninguém pode dar conta de todas as situações de vida sem abalos. Já abordamos algumas das limitações a que o terapeuta está sujeito. O ponto a ressaltar, aqui, é que além de um "suposto saber", é atribuído ao terapeuta um "suposto equilíbrio". E facilmente depreendemos da afirmação de João: é a esse equilíbrio que o cliente almeja chegar[74].

Na escuta cuidadosa da ânsia de bem-estar expressa pelo cliente, o terapeuta pode notar diversas nuances[75]. Não é um bem-estar estático, nirvânico, como parecia a princípio. Não é um abolir o tempo; ao contrário, é uma idéia de felicidade em ação, de ausência de angústia no desenrolar da vida. Na visão do cliente, cada escolha é um fardo, pois "deve" haver uma opção correta, aquela que "certamente" trará as melhores conseqüências possíveis para o futuro. Para ele o terapeuta é aquele que sabe escolher sem angústia.

Vamos esboçar neste ponto uma definição de angústia: o não poder ter certeza, nem antes nem depois da escolha, se a "outra" opção — aquela que não foi feita — seria melhor que esta pela qual estou me resolvendo ou já me resolvi. Estendendo a concepção no tempo: pode ser aterrador pensar que "a vida é assim", uma longa e esmagadora incerteza interrompida pelo advento da morte[76].

João freqüentemente se queixava: "Eu poderia ter ido morar sozinho, lá pelos 19 anos. Já trabalhava, daria para me sustentar razoavelmente. Iria visitar minha avó de vez em quando, tomaria um cafezinho com ela e pronto — a questão estaria resolvida".

João formula a situação aplicando o esquema "se... então": *se* eu tivesse feito (no passado) tal coisa, hoje (no presente) a situação seria diferente, seria melhor. Por pensar dessa maneira tem *culpa*, pois poderia ter agido de outro jeito e a vida agora seria outra[77]. Aqui é preciso muito cuidado. Ainda bem que João acredita agora que *poderia* ter mudado o curso de sua história. Se acreditasse no oposto disso — simplesmente acreditasse que os fatos o levaram até ali, sem nenhuma intervenção possível — estaria reduzido à total impotência, seria um joguete da vida. Ele já chegou muito perto de se sentir assim, no início da terapia. Mas agora volta ao seu tema de outra maneira.

A vida agora "seria" outra, diz ele. Vamos nos deter neste "seria", o verbo ser num tempo interessantíssimo de ser pensado — o futuro do pretérito. Determina-se aí um futuro que "não foi"; o presente que *seria* se o passado tivesse sido outro. Isto beira o delírio, e no entanto é tão comum de se dizer e ouvir! A culpa surge aqui, neste estranho tempo verbal, torturando com a eterna dúvida: "Se eu tivesse ido morar sozinho não seria melhor para mim?". Nessas divagações, João esquece que "poderia" ter tantos outros problemas!

O futuro do pretérito é o preço pago pelo homem por ter memória, por viver em sociedade e poder comparar suas atitudes com as dos outros, por participar (querendo ou não!) de projetos comuns, em suma: por ter história.

Foi um filósofo quem disse: "Não importa o que fizerem de nós; importa o que nós fazemos com o que fizeram de nós". E outro filósofo escreveu: "Somos o nosso passado". Tentando juntar as duas frases: "Somos o que fizeram e o que fizemos de nós; importa o que vamos fazer com isso"[78]. Se a memória está sempre aí para nos lembrar quem somos, a possibilidade de reformular os rumos está junto para projetar o futuro. É possível não ser escravo da memória, mas poder dispor dela para orientar a vida? Com essa pergunta, acercamo-nos do âmbito da cura.

O que acontece com João, que pisa e repisa o passado? Aludimos a isso em outra passagem: ele se queixa e suplica *por não se reconhecer de outro jeito*. Sabe, no entanto, que é possível viver de maneira menos penosa, e vê no suposto equilíbrio do terapeuta essa possibilidade. Mas dá voltas, e diz: "Não consigo chegar lá". Tem medo da "dependência", de precisar sempre do terapeuta como modelo. De modo mais sutil: o medo da dependência é o medo de perder a própria identidade; ao querer ser "como" o terapeuta e não conseguir, receia ter de ficar sempre em simbiose com ele[79].

Enquanto a questão estiver colocada nos termos "eu sou de um jeito e quero ser de outro", estamos na esfera da cura entendida do modo tradicional: "estou doente, quero estar saudável", de onde se segue: "se eu tomar o remédio correto..."

Mas não é essa a cura procurada! Por isso o terapeuta nunca se confirma como aquele que "escolhe corretamente" (e nem poderia!). A partir de seu silêncio, de sua figura suposta, age com sutileza, como quem coloca pequenas cunhas nas brechas abertas pelo discurso do outro. Vai apontar, aqui e ali, uma decisão que o paciente tomou "quase sem querer"; vai mostrar como ele mantém o seu poder de decisão, ao dizer que *"poderia"* ter ido morar sozinho; vai viver com o cliente situações de intensa aproximação, mostrando que intimidade e dependência são coisas tão distintas: enquanto esta anula o outro, aquela o faz aparecer em sua expressão mais autêntica. Assim o cliente vai se aproximando de confiar no terapeuta e, no mesmo movimento, confiar em si. Pois não perdeu sua identidade, ao expor seus sentimentos mais íntimos na sessão; sua identidade não está aqui ou ali, em um lugar quase material. Está na certeza de continuar se reconhecendo como este indivíduo singular, seja qual for a situação que o mundo lhe apresente[80].

Os conceitos de identidade, singularidade e cura são, afinal, muito próximos. Quando são criadas continuamente as condições para a cura, apesar de nem sempre ser possível escolher os rumos da vida, o paciente percebe que sempre é possível dar um sentido ao que vem pela frente. Sabendo dispor dos fios da memória para tecer o futuro, refaz continuamente sua história, sem se escravizar às "vivências" do passado. Assim enfrenta a culpa e a angústia, inevitáveis coadjuvantes de um projeto de vida. Mas as incertezas não aparecem mais como destrutivas, podendo mesmo predispor ao desafio e ao encanto.

Recordo-me que João se irritava quando sua avó lhe dizia que tinha "experiência de vida". Sentia-se rebaixado, incapaz de argumentar com quem lhe falava de cima de tal "experiência". Em uma de suas últimas sessões voltou ao assunto. Disse: "Tenho pena de minha avó. Sempre me intimidou com sua experiência de vida. Concordo que ela tenha passado por desgostos, mas hoje acho que aprendeu muito pouco com isso". Ficou em silêncio, olhando ao longe, conforme seu costume. Sorriu de leve e balançou a cabeça, como numa constatação amarga mas reveladora. Dessa vez não o interrompi. Percebi que o contato com a avó tinha se tornado, para ele, uma autêntica experiência de vida.

Um Pouco de Sistematização

Nossa abordagem do caso de João pode indicar que, ao considerarmos o homem como um ser dotado de infinitas possibilidades, basta dar-lhe certas condições de abertura para que ele as tenha à disposição. Ora, a cada passo da psicoterapia constatamos que esta pode ser apenas a visão orientadora dos nossos propósitos, o horizonte de nossas formulações teóricas. Como já foi sugerido, e a seguir será sistematizado, o homem tem à sua disposição um número indeterminado de possibilidades de agir no mundo — mas certamente não um número infinito! E a cada apresentação de um leque de possíveis caminhos à sua frente ele estará inexoravelmente escolhendo algum deles, em direção à execução de seu projeto.

Por projeto entendemos um conceito de alcance muito amplo. Talvez só seja mesmo possível avaliar o projeto de uma vida em seu término — isto é, na morte[81]. Mas a cada instante o indivíduo está delineando os rumos desse projeto em seu embate contínuo com o mundo, modificando o mundo e sendo por ele modificado, definindo seu mundo e sendo por ele definido. Observamos essa faina do dia-a-dia de cada um pelos rumos que imprime a seus atos e palavras, dando à vida uma configuração própria. Munidos dessa base conceitual podemos circunscrever, para efeito de estudo, algumas das principais condições que direcionam as escolhas humanas. Vejamos:

1. Repetindo: por mais opções que a vida ofereça a um indivíduo, ele terá de limitar sua escolha a alguma (ou algumas) delas — mesmo porque não há tempo para fazer todas as coisas disponíveis e desejáveis. (Neste sentido o tempo tem uma fronteira — a morte.) Um rápido exemplo: tenhamos em mente uma pessoa presa a um casamento insatisfatório. Ela pensa nos inúmeros parceiros alternativos que pode ter. Mas, em geral, está esquecida da inevitabilidade da escolha, pois terá de se decidir por um de seus parceiros imaginados — ou, pelo menos, por um de cada vez, segundo o costume mais em voga. Podemos voltar nossas considerações para João. Não faltavam a ele planos para melhorar sua vida com a avó. Tentou algumas formas, desajeitadamente. A morte dela interrompeu as tentativas. O tempo se impôs — dando a João uma das medidas da impotência humana.

2. Toda pessoa é formada em um meio familiar e cultural que torna quase insuportável o simples pensar em certos comportamentos. Para simplificar: um indivíduo criado em ambiente carregado de influência religiosa dificilmente abraçará uma ideologia materialista. Para complicar: a estrutura adquirida em torno de determinados valores sociais fará parte da própria identidade do indivíduo, determinando o arsenal conceitual de que ele dispõe para codificar o mundo, limitando desse modo seu projeto de vida. Alguns desses valores são praticamente impossíveis de serem modificados. Podemos supor, a título de exemplo extremo, que para um branco rico e influente, nascido e criado na África do Sul, um negro é um ser inferior — e vá alguém querer tirar isso da cabeça dele! Em escala menor, podemos exemplificar citando diversas pessoas que procuram tratamento psicoterápico em seguida a uma fase de ascensão social. (Em termos mais técnicos: o que antes era um grupo de referência passou a ser um grupo de participação.) A dificuldade de aquisição dos valores cultivados nos locais freqüentados agora (clubes, associações profissionais de *status* mais elevados, eventos culturais mais diferenciados, amigos melhor aquinhoados) se traduz em conflitos classificados pela própria pessoa como "psicológicos". Digamos que esse indivíduo está em pleno conflito psicossocial, muitas vezes de encami-

nhamento penoso. Lembremos das tentativas de João para entender a psicologia através da aquisição de novos conceitos — "inconsciente", "trauma de infância", etc., palavras pertencentes a um vocabulário mais elitizado. Mas suas aspirações sociais só foram levantadas na terapia de modo periférico; a compreensão de seus dilemas não passava pelo crivo da sociologia. O eixo principal do discurso foi outro, como sabemos[82].

As premissas de conduta de cada estrato social são tremendamente arraigadas; aliás, só podem receber o nome de "premissas" através da voz de um observador imparcial (se é que os há!). Para a própria pessoa envolvida, seu jeito de se comportar é simplesmente o "modo natural de ser"; os outros modos são "errados", estranhos, exóticos — ou patológicos[83]. E não é a "natureza humana" uma compulsão em estabelecer naturezas humanas?

Nunca é demais ressaltar a diversidade de concepções de homem e mundo nas diferentes culturas e, na mesma cultura, em diferentes segmentos sociais. O terapeuta principiante, se não atentar a esse fato, tenderá a classificar como patológica cada visão da realidade que não venha ao encontro das formulações do seu próprio grupo social. E, ao proceder assim, deixará de respeitar as escolhas de vida de seu cliente.

3. Quando João veio ao consultório, como tantos outros clientes, estava em busca de uma "cura" cujo modelo é próximo ao da cura de um tumor[84]. Descobre-se a massa tumoral "psíquica", elimina-se esse empecilho ao funcionamento normal do organismo e pronto — está resolvido o problema. Em geral, esse tumor psíquico está associado popularmente a um suposto trauma de infância, como já foi visto.

Essa maneira de João encarar seu estado vem de um modelo biológico que já ultrapassou a fronteira das especialidades, para se tornar patrimônio comum. Ao falarmos que o cliente apresenta, quanto às suas escolhas, algumas determinantes ou limites *biológicos*, estamos num campo minado. Tudo o que chamamos de biológico é também a maneira de um grupo de ciências (ditas "biológicas") ver o organismo e sua relação com o meio. Já encontramos este problema quando discorremos sobre psicopatologia. Vamos abordá-lo novamente, de forma ligeiramente diferente.

Existe hoje um grande espaço ocupado pela divulgação de assuntos de medicina e biologia de ponta nos meios de comunicação. O fascínio é grande, pois aí se lida com as fronteiras entre a vida e a morte[85]. O campo se confunde com misticismos e seus milagres, ou com milagres da própria ciência, freqüentemente adulterada pelos próprios veículos de comunicação de massa. A partir de todo esse ruído, temos de ter critérios bem delineados para poder discernir o campo de fenômenos com que lidamos, ao usarmos o termo "biológico" — ainda mais se vamos usá-lo dentro da perspectiva de quem lida com fenômenos psicológicos. Diferentemente do médico, diz-se que não encaramos primordialmente a doença, e sim o doente. Esta é uma frase repetida até o cansaço, sem se precisar exatamente o seu sentido. Vamos começar por dizer que o cliente, ao nos procurar, não se "sente" um ser "biopsico-social", onde o "bio" ocupa um lugar, o "psico" ocupa outro e o "social" ainda um lugar distinto. Como sempre, fórmulas desse tipo — "o homem é um ser bio-psico-social" — são artifícios teóricos que podem estar entre as concepções do terapeuta, na ilusão de dividir o outro para melhor compreendê-lo. Vamos tentar escapar dessa via, tentando abarcar o significado da dimensão chamada biológica no contexto mais amplo da vida do sujeito.

Quando João tem uma dor de estômago, mesmo se ele a *diz* "psicossomática", não é assim que ele a vive em seu cotidiano. Reclama, por exemplo, para a namorada; talvez queira consolo, carinho, ou mesmo evitar uma visita aos pais dela: "Você faz um chazinho pra mim, lá em casa?". Faz uma expressão de incômodo, numa reunião com amigos, no bar. Alguém pergunta o que ele tem; diz que tem dor de estômago, e isto se torna o assunto da roda. Usa-a como desculpa para não ir almoçar com o tio; pode até mesmo evitar um filme "forte" por saber que vai piorar da barriga. Compra as pílulas receitadas pelo atendente da farmácia do bairro e as leva sempre consigo. Eventualmente, dá a receita para algum companheiro de infortúnio. Está sempre prevenido. No limite, deseja o bem-estar completo, onde nada é inesperado, suposto "ponto zero" a partir do qual pode realizar todos os seus projetos. Mas a barriga atrapalha!

Podemos continuar descrevendo todos os eventos reais ou imaginados da vida de João em que a dor de estômago se faz presente. São situações psicossociais as mais diversas, onde o "biológico" toma seu sentido a cada fato vivido, penetrando de tal modo nas esferas do "psico" e do "social", que fica aí escondido. Mas colocando o assunto desse modo ainda estamos presos a uma divisão em categorias. Abordagens "integrativas", como a que esboçamos, só têm validade como descrição aproximada da dimensão biológica tal como se apresenta no cotidiano do sujeito. E antes de voltar a João ainda temos um problema a ser enfrentado.

Dentro da regra — ou vício? — metodológica de olhar qualquer afecção "objetiva" desde uma perspectiva causal, pode ocorrer à mentalidade cartesiana do terapeuta tradicional a seguinte questão: a problemática psicológica de João é *causa* de sua dor de estômago? E mais: ele "faz" essa dor para obter todos os "benefícios secundários" descritos? Perguntando em termos do objetivo deste capítulo: a dor faz parte das escolhas de João, ou pelo menos a direciona, como parece acontecer?

Não vamos entrar no mérito estritamente científico da questão, possível objeto de uma pesquisa de difícil estruturação. Trata-se, aqui, de decidir se esse tipo de questão causal — tão "natural"! — é de nossa alçada na prática psicoterápica. Trata-se de questionar se de algum modo essa pergunta auxilia o paciente em sua trajetória. Para elucidar tantas dúvidas vamos chegar perto de João. A esta altura já é de se notar que as respostas estão nele; a nós cabe criar as condições para que apareçam.

Retomando o espírito que me orientou nas considerações sobre psicopatologia, a cada vez que João mencionava sua dor de estômago, eu deixava o discurso tomar uma forma mais ampla, através dos procedimentos descritos naquela ocasião. "Hoje meu estômago doeu", disse ele certa vez. "Em que situação você estava?" perguntei. Nada de especial surgiu imediatamente daí. Estava no quarto se preparando para sair. Perguntei-lhe aonde ia. Disse, um tanto contrafeito, que precisava levar a namorada a uma festa. Fez um pequeno intervalo no discurso. Percebi que ele estava fazendo um nexo causal entre a dor de estômago e o compromisso indesejado, de maneira ainda distante do acontecimento

77

vivido. Silenciei. E logo apareceu uma dimensão inesperada de ciúmes, pois o ex-namorado dela também iria à festa. Quando ficou furioso ao me contar isso — deixando, agora, que eu participasse da intensidade da narrativa — não estava *pensando* no "nexo causal" entre a dor e a raiva; a dor fazia parte da raiva, no caso talvez do medo. *Está* presente, totalmente de acordo com o estado em que o cliente está agora — e como dói!

Durante a terapia aconteceram algumas cenas semelhantes a esta. Nos últimos encontros que teve comigo, João disse não sentir mais as dores que sentia no início do tratamento. *A partir desse dado*, supomos que o estômago e suas dores tivessem algum tipo de relação com as dificuldades do rapaz em lidar com a morte da avó e, podemos dizer a esta altura, com toda a tarefa de encontrar o seu lugar na estrutura familiar.

Dada a extensão e complexidade dos fenômenos psicossociais e corporais, há uma infinidade de relações estabelecidas entre os dois pelas diversas teorias psicológicas. Ora a causalidade flui numa direção, ora noutra; e às vezes a tal "integração" vem à cena para que um teórico dê conta do problema. Não vamos discutir aqui cada abordagem da psicossomática. Vamos apenas propor uma possível explicação, que se evidenciou no caso que nos serve de guia. E ao fazê-lo recordamos o espírito inicial deste capítulo, mais uma vez. João tem na dor de algum modo um direcionamento de suas escolhas?

Eu diria que João não *escolhe* sua dor para dar sentido a alguma coisa. Mas posso supor que ele vive um pequeno incômodo gástrico que outra pessoa talvez nem notasse (ou "tomasse um remedinho" e ponto final). Essa pequena mazela toma seu sentido de modo adequado aos objetivos e limitações a que João está preso, pela teia de problemas que enfrenta. A dor de estômago passa, com o tempo, a fazer parte da teia; aumenta seu campo de sentido assim como aumenta a intensidade em que é vivida. Ao ser criado o âmbito da cura, livre do peso dos problemas em que se apóia e é apoiada, a dor retoma sua dimensão biológica real (se é que podemos falar assim): um pequeno desconforto ocasional, que nem vale a pena mencionar nas sessões de terapia. E João pode retomar seu caminho com o estômago onde sempre deveria estar: na barriga, fazendo seu trabalho sem alarde.

Certamente alguns acharão essa visão "simplista". Não sabemos porque a complexidade há de ser a melhor conselheira. A hipótese levantada condiz, a cada ponto, com o desenrolar da terapia, e é teoricamente afim com a atitude existencial do terapeuta. Existencial! O que é isso?

A Psicoterapia Existencial

Perguntar sobre si mesmo, sobre suas origens e seus fins, sobre seus objetivos na vida e sobre sua natureza frente à diversidade dos outros seres que habitam o mundo é característica exclusivamente humana[86]. Mas a rigor não podemos falar em "característica", como se o homem fosse um ente a que se justapõe essa tal "caraterística". O perguntar sobre si é o próprio modo de ser humano. Já mencionamos que a natureza humana é a compulsão de formular uma natureza humana — e isto pode ser feito apelando-se à mitologia e às religiões em sua imensa diversidade e, modernamente, às ciências biológicas, ou aos processos históricos, conforme o enfoque de cada um.

Na passagem pelas mais variadas indagações acerca de sua natureza, os homens construíram grandes sistemas de conhecimento. Essas formulações, às vezes bastante complexas e elaboradas, são apropriadas por certos grupos sociais e elevadas à categoria de "verdade" acerca da condição humana. Como exemplo, conhecemos a história de algumas religiões e de outros tantos sistemas políticos totalitários; para não fugir ao nosso tema, já discutimos a psicopatologia sob esse ângulo. Isto vale, também, para aquelas teorias que colocam a sexualidade no centro de todas as concepções da psicologia.

Dizendo de outra maneira: o homem não *tem* uma *essência*.

Cada povo, cada grupo social concebe a humanidade do homem de maneira diferente. E isso caracteriza todos: a *procura* da essência. Existir é essa procura. Em nosso trabalho de psicoterapeutas a ela sempre retornamos. Por isso, somos existencialistas[87].

Se quisermos radicalizar: somos aquilo que escolhemos ser. Mas é óbvio, como também já foi estudado, que não escolhemos tão livremente como talvez desejássemos. A radicalidade da escolha livre será sempre nosso horizonte teórico.

Não vamos esquecer: a pergunta acerca do sentido da vida e a infinidade de respostas possíveis são feitas com palavras. Quando uma pessoa nasce, e ainda durante muito tempo antes de dizer "eu", já é falada pelos outros. A rigor, mesmo antes de nascer, o bebê já é assunto das palavras alheias, principalmente de sua família. Um belo dia, ao se perceber como uma pessoa supostamente singular, de algum modo o indivíduo sabe que já vinha sendo dessa maneira percebida agora; ou seja, ele percebe que não "começou" nesse momento. Mas só muito mais tarde (ou nunca) perceberá que pouco decidiu acerca de sua identidade[88].

Jamais existiu um homem "puro" ou "inicial", de um lado, em oposição à realidade "pura", do outro lado, para então lançar mão da linguagem e começar a "interpretar" a realidade[89]. Linguagem não é uma "ferramenta para interpretar a realidade" a partir do nada[90]. Sempre habitamos a linguagem, sempre estivemos num mundo já interpretado pelas palavras daqueles que nos antecederam nessa tarefa. Queiramos ou não, é esse o ponto de partida. Por isso temos limites.

Ao aprisionar, prendendo-nos a uma essência formulada por outros, a linguagem trai sua função mais nobre. Ao desvelar os incontáveis significados da realidade através da intimidade e do diálogo, aponta para a libertação. A psicoterapia existencial procura esse caminho, e não está sozinha na busca; os poetas também a empreendem.

Vamos voltar, ainda uma vez, à vida de Joao. E vamos recordar, à luz do que foi dito, algumas passagens do nosso relato.

Quando abordamos a linguagem em capítulo próprio, discorremos sobre João e seu aprisionamento pela palavra "perda". Esta palavra estava enredada num complexo de significados sociais que o impedia de sair de um círculo vicioso. Tudo se passava como se sofrer por uma perda fizesse parte da essência humana — e essa imposição obscurecia a vastidão do problema. O procedimento do terapeuta, ao criar as condições para desvincular a morte da avó dessa obrigatoriedade de sofrimentos e lamentações, permitiu ao cliente formular para si outros graus de liberdade. Pois de uma forma sutil, houve um desligar-se do que sempre se formulou como essência, para haver a volta à procura. Nesse retorno, João pode até reencontrar o sofrimento — mas agora de forma autêntica[91]. Pro-cura: aquilo que antecede a cura. E não é essa busca a própria existência?

Se recordarmos o procedimento do terapeuta ao tratar dos aspectos teóricos da psicopatologia e da psicossomática — esta através do relato da dor de estômago de João — veremos que a orientação existencialista esteve presente a cada passo das formulações da teoria, assim como norteou cada intervenção terapêutica. E só dessa maneira o existencialismo pode se dar: como uma visão da vida, abarcando prática e teoria num mesmo modo de ser do homem. Aqui, na prática a teoria *não é* outra.

Sem dúvida alguma, a imagem social da morte, o estigma da doença mental e a imensa confusão sobre as teorias da psicossomática sempre estiveram presentes na trajetória do cliente e do terapeuta. Mas este, sem ignorá-las, procurou conduzir os encontros terapêuticos de modo a atravessar esses determinantes sociais com a menor contaminação possível, tirando-os da condição de figura e colocando-os na condição de fundo da travessia.

Ao escutar seu cliente, o terapeuta cria o âmbito para "curar" os estereótipos culturais, deixando esses fenômenos (re)aparecerem à luz do sentido próprio de cada vida. Por isso, o método que segue é chamado de fenomenológico.

Ao oferecer ao seu cliente a possibilidade de recriar a realidade, empreende junto com ele a trajetória rumo à cura. Essa experiência de relacionamento humano, o pro-curar junto com o outro, não se reduz a "solucionar um problema" ou a "eliminar um sintoma". Pretende ser uma experiência prototípica, evidenciando a imensa capacidade humana de reinventar o mundo.

Resumo

O terapeuta procura
num discurso que, de início,
não é o do seu cliente,
uma verdade
que nem ele nem o cliente
sabem qual é.

Depois da descoberta,
após longo trabalho,
depois de o cliente se apossar da sua voz,
nem o terapeuta
nem o cliente
saberão se era essa a verdade
que estavam procurando.

E os dois acreditam, agora,
que essa (nova?) verdade
faz parte de um projeto de vida
que sempre esteve aí,
a cada passo da terapia.

Mas eles nunca viram.
E se o cliente pensou que viu,
o terapeuta denunciou
que era uma ilusão.

Este é o seu trabalho.

Despedida

João vai embora.
Fico sem notícias dele durante muito tempo. É comum acontecer isto. Ao terapeuta resta um vazio: que rumo terá tomado a vida do cliente? Gosto de imaginar João lendo o próprio caso. "Para que tantas elocubrações?", pensaria. Ele certamente não se vê do modo como foi descrito! "É chato, meio repetitivo; será que eu falei tanto assim da morte da minha avó?"
João é acostumado à linguagem da televisão, ao vídeo-clip, ao pós-moderno. As imagens são efêmeras, consumidas em rápida sucessão, quase uma estética da fragmentação (embora eu goste de supor que, depois da psicoterapia, ele passe a se deter mais em cada coisa).
Bem, de qualquer modo não terei mais notícias, a menos que as invente. Pois João é ele mesmo uma colagem de fragmentos; é todos os meus clientes e não é nenhum; é um pouco de cada um. Concebido para uma análise, é um personagem-síntese[92]. Mas em oposião à pós-modernidade, o fio que une suas facetas é conceitual, tem densidade teórica — é con-fiável.
Despeço-me dele por aqui, não sem alguma nostalgia.
Se as palavras do texto serviram para trazer a existência de João à presença do leitor, que bom! Valeu a pena ter escrito.

Santos, janeiro de 1991

Notas

Este trabalho tem como fundamento a Analítica Existencial, tal como foi desenvolvida por Martin Heidegger, notadamente no seu grande tratado "Ser e Tempo" (24), daqui por diante indicado como (ST). É sabido que a obra heideggeriana é de cunho estritamente filosófico. "Derivar" dela uma prática psicoterápica é sempre uma tarefa arriscada. Podemos dizer que, ao citar (ST), estamos remetendo o leitor aos fundamentos filosóficos de onde partem as nossas concepções sobre psicoterapia. Sem dúvida esta afirmação é bastante imprecisa; no entanto, propomos suportar a imprecisão inicial e encetar o trabalho. Acreditamos que as inferências feitas a partir dos conceitos filosóficos se justifiquem, em função da efetividade alcançada na prática psicoterápica.

Para apreciar uma defesa do emprego da Analítica Existencial como base para uma compreensão da clínica em psicologia, consultar Boss (4). Uma visão histórica das tentativas de aplicar a filosofia da existência à análise psicológica está em Boss (6), cap. 8, pp. 127 e ss.

Como opinião contrária à utilização dos conceitos heideggerianos na fundamentação da psicoterapia, ver a argumentação de Stein (45), cap. 6, pp. 103 e ss.

Estas notas, além de sua função habitual de remeter o leitor às fontes consultadas, pretendem servir como um guia de estudo.

Para facilitar a consulta, cada uma delas tem um título, indicando o assunto tratado. A seguir, são dadas algumas referências bibliográficas, com o objetivo de ampliar a possibilidade de compreensão do tema.

Eventualmente uma citação é inserida no corpo da nota.

Ao mencionar (ST), indicamos apenas o parágrafo ( ) e a página correspondente ao conceito a ser pesquisado. Estas indicações são suficientes.

1 **Paciente/cliente**
Sobre os problemas suscitados pelas palavras "paciente" e "cliente", v. Bucher (9), pp. 62 e ss.

2 **Significado/lingüística**
O emprego da palavra "significado", em lingüística, está exposto em Saussure (42), pp. 79 e ss., esp. p. 81.

3 **Significado/Lacan**
O termo "significado", na psicanálise lacaniana, está explicitado no artigo "La instancia de la letra en el inconsciente o la razón desde Freud", em Lacan (27), pp. 473 e ss.

4 **Significado/definição**
A definição de "significado" escrita entre aspas está em Mora (37), pp. 367 e ss.

5 **Sentido**
Heidegger abre a discussão de "sentido" em (ST), §32, pp. 208 e ss.

6 **Frases**
As frases citadas nesta página são de Heidegger, em "O Caminho do Campo", Liv. Duas Cidades, S. Paulo, 1969, p. 70; de Albert Camus, em "O Mito de Sísifo", Ed. Guanabara, R. de Janeiro, 1989, p. 31; e do poeta Manoel de Barros, em "O Guardador de Águas", Art Editora, S. Paulo, 1989, p. 61.

7 **Observador na terapia**
Os problemas advindos da impossibilidade de um observador na cena terapêutica são comentados por Porchat (41), pp. 115 e ss. Para outra perspectiva, v. Watts (51), p. 88.

8 **Teoria "ingênua" da personalidade**
A "teoria" que o próprio cliente forma a respeito de sua "doença" tem relação direta com sua concepção de homem. Este é um capítulo negligenciado em nossos manuais de Teorias da Personalidade. Tecnicamente leva o nome de "Teoria Implícita da Personalidade".

9 Ciência e arte x técnica
A respeito da "origem comum" da ciência, da arte e da técnica, v. Beaini (3), pp. 21 e ss.
A imagem da queda da maçã e da singularidade da percepção de Newton é de May (34), p. 56. Este autor, embora nem sempre teoricamente consistente, tem a capacidade de achar imagens muito ilustrativas para os fenômenos que pretende descrever. É neste espírito que ele será citado ainda algumas vezes neste trabalho.

10 Assombro frente ao fenômeno
O assombro frente ao fenômeno é evocado por Platão e Aristóteles como a mola propulsora da filosofia. Heidegger vai às fontes gregas e comenta, num de seus trabalhos (23), pp. 36 e 37: "No espanto detemo-nos. É como se retrocedêssemos diante do ente pelo fato de ser e de ser assim e não de outra maneira. O espanto também não se esgota neste retroceder diante do ser do ente, mas no próprio ato de retroceder e manter-se em suspenso é ao mesmo tempo atraído e como que fascinado por aquilo diante do que recua".

11 Sessão/prática
Para uma iniciação aos aspectos eminentemente *práticos* da atividade terapêutica, v. Zaro (52).

12 Realidade das queixas
A "realidade" das queixas corporais dos pacientes é abordada por Van den Berg (47), p. 50, esp. pp. 56 e ss.
Para uma visão mais geral das queixas e sintomas dos pacientes, consultar do mesmo autor a referência (49), pp. 53 e 54, item "Sintomas Gerais da Neurose".

13 Verdade
A base filosófica para o que daqui por diante se discutirá como "verdade" está em (ST), §44. O assunto é retomado no §61.
A acepção de "verdade" no sentido que lhe empresta a psicoterapia existencial pode ser lida num caso clínico exposto por Pompéia (40), esp. pp. 43 e ss. Ver também a exposição sucinta e precisa de Muchail (38), pp. 12 a 15.

14 Traição
Numa perspectiva teórica diferente da nossa, Hillman (26) apresenta um notável estudo sobre a traição, às pp. 79 e ss. Ver especialmente p. 82.

15 O terapeuta como testemunha
Ver esta abordagem em Boss (7), p. 94

16 Tempo e intimidade
O assunto em questão se desenvolve ao longo de todo este livro. Para uma abordagem filosófica inicial, v. (ST), §26, pp. 173 a 175, onde se trata do encadeamento dos conceitos de "preocupação", "anteposição", "consideração" e "tolerância".

17 Linguagem/silêncio
A linguagem é discutida inicialmente em (ST), no §34. Para o trecho desta página, v. esp. p. 223 de (ST). Para uma compreensão do silêncio como fenômeno originário, v. Beaini (2), p. 63.

18 Perplexidade
A "dis-posição" (o humor) é introduzida por Heidegger no §29 de (ST). No §60, p. 85, temos uma indicação de como pode ser entendida a perplexidade.

19 Psicoterapia/evitar "conclusões" apressadas
A atitude de "suportar" situações, onde a tendência do homem contemporâneo é "tirar conclusões", aparece em diversos momentos da obra heideggeriana. Ver em (ST), §13, p. 100, a idéia de "demorarse junto a..."; o assunto é retomado através do conceito de algo "pendente", em (ST), §46, p. 16.
Laing (28), p. 43, descreve: "O pensamento existencial não oferece segurança, lar para os desabrigados. Não se dirige a ninguém, exceto a você e a mim.
Encontra a sua própria confirmação quando, através do abismo de nossos idiomas e estilos, nossos erros, enganos e perversidades, encontramos, na comunicação do outro, uma experiência de relacionamento estabelecido, perdido, destruído ou recuperado. Esperamos partilhar a experiência de um relacionamento, mas o único início honesto, ou mesmo o único fim, talvez seja partilhar a experiência de sua ausência."

20 Mudança/escapa a controle
Pois "mudança", neste sentido, é "a-letheia", e não "omoiosis". Para estes conceitos, v. Muchail (38), pp. 12 e ss.

21 Atenção dispersa
A base para esta passagem ser pensada está no conceito de "curiosidade", tal como é exposto em (ST), §36, esp. p. 233.

22 Dissociação eu-corpo
Esta descrição da dissociação eu-corpo está em Van den Berg (47), p. 50. É um modo de descrever um fenômeno bastante comum; não se pense aqui na dissociação esquizofrênica.

23 Rapidez/pressa
A pressa com que o homem urbano corre atrás da vida é abordada por Critelli (12), p. 82.

24 Morte
As teses filosóficas do pensar heideggeriano sobre a morte estão em (ST), §46. Fica a advertência que nesta página o assunto está colocado mais perto de uma abordagem ôntica que ontológica.

25 Passado/significado atual
"O passado que é significativo é o passado como aparece agora", diz Van den Berg (47), p. 81. Esta formulação permeia toda a perspectiva fenomenológico-existencial. No entanto, em (ST), §75, p. 198, há uma passagem de Heidegger que soa como advertência ao uso indiscriminado dessa idéia. Pois não significa que o passado deva ser "esquecido" e, com ele, as lições da história, como parecem postular os defensores das terapias do "aqui e agora". Para maior aprofundamento do tema, ver a passagem citada.

26 Silêncio
Consultar nota 17. Para esta passagem, v. tb. nota 23.

27 Amor/"sabor de passado estendido"
Para conceber esse "passado estendido", v. (ST), §68, item b), esp. p. 138.
May (32) chama a esta disposição de "qualidade virginal do amor" (por parecer sempre único).

28 Comportamento/casa x rua
Para um notável exemplo da aparente duplicidade entre o comportamento em casa e o comportamento na rua, v. Van den Berg (49), p. 357, esp. pp. 361 e ss.

29 Verdade
Ver nota 13.

30 Recordar
Para o "background" filosófico do "recordar", consultar (ST), §34 (discurso e ser-com). Ver também o §68 (temporalidade do discurso).

31 Convivência/o cotidiano
A filosofia de Heidegger acerca da "convivência" é apresentada em (ST), cap. 4 (§25 a §27). Para o trecho a que a nota se refere, v. esp. §26, p. 173.

32 Agressão/por "não ser ouvido"
Há um trecho *sugestivo* em (ST), §34, p. 222: "Escutar é o estar aberto existencial da pre-sença enquanto ser-com os outros. Enquanto escuta a voz do amigo que toda pre-sença traz consigo, o escutar constitui até mesmo a abertura primordial e própria da pre-sença para o seu poder-ser mais próprio".

33 Agressão/falta de significação para o outro
Este enfoque da agressão é colocado por May (32), pp. 163 e ss, numa descrição notável.

34 Identidade/confirmação através do outro
Eis como Laing (28), p. 56, descreve essa experiência: "Os outros instalaram-se em nosso coração e nós lhes damos o nosso próprio nome. Cada um, não sendo ele próprio nem para si mesmo, nem para o outro, assim como o outro não é ele mesmo para si ou para nós, ao ser outro para o outro nem reconhece a si mesmo nem ao outro, nem ao outro em si mesmo. Daí que sendo pelo menos uma dupla presença, perseguido pelo fantasma de seu próprio *self* assassinado, não surpreende que o homem moderno seja viciado em outras pessoas, e quanto mais viciado, menos satisfeito e mais solitário.

35 O outro/condições para sua transformação
Para o entendimento das possibilidades de criar condições para que o outro se transforme, v. (ST), §26, onde se encadeiam os conceitos de "preocupação", "anteposição", "consideração" e "tolerância". Esta passagem de (ST) já foi mencionada na nota 16, em outro contexto.

36 Culpa
Para o entendimento do fenômeno da "culpa" em sua formulação heideggeriana, v. (ST), §54. Para o trecho a que esta nota se refere, v. esp. p. 54. É sempre útil lembrar que Heidegger não aborda a culpa em sentido ôntico, como "culpa disto" ou "culpa daquilo". A intenção heideggeriana é descrever o solo ontológico que torna possível o homem sentir-se culpado "por isto" ou "por aquilo". A compreensão do que se passa com o paciente, na situação descrita é ampliada por este texto extraído de Dias (14): "'Mas a culpa ou o reconhecimento da dívida é o reverso da medalha do poder. Só pode ser culpado quem pode responder por um ato. E só porque pode — ser e fazer isto **ou** aquilo — é que alguém é também responsável pelo que não faz ou não compreende ou faz mal ou qualquer outra abstenção, omissão, excesso. O des-culpado simultaneamente é desresponsabilizado de seu ato e desencarregado de ser possível. Não podia, não fez. Não tem culpa nem poder. O mesmo poder que está na base da possibilidade de superação". (p. 220, item b).

37 Morte/do outro
Os fundamentos para o acesso à "morte do outro" estão em (ST), §47, esp. p. 18.

38 Luto
O fenômeno do luto é abordado historicamente por Ariès (1), pp. 143 e ss.

39 O "eterno aconchego"/fuga de si mesmo
Para um possível aprofundamento da passagem descrita ver o conceito de "fuga de si mesmo", em (ST), §51, p. 37.

40 Sonho
A abordagem do sonho na perspectiva da análise existencial está em Boss (7) e em Cytrynowicz (13). Spanoudis (43) levanta pontos para uma sistematização mínima dos procedimentos. Este texto é especialmente útil para o principiante, além de servir como subsídio para o terapeuta experiente.

41 Perguntas do paciente/respostas do terapeuta
Confrontar o trecho a que a nota se refere com a descrição de Watts (51), pp. 117-118.

42 Silêncio
Consultar nota 17.

43 Verdade/não-mentira
Consultar nota 13.
Para melhor compreensão do trecho aqui considerado, consultar também Beaini (2), p. 48.

44 Verdade/história "construída" na terapia
Já mencionamos que paciente e terapeuta se movem em uma história constituída *na* psicoterapia; para um esclarecimento maior v. notas 25 e 30. Gracio (21) tenta ampliar o conceito heideggeriano de "verdade": "Insistamos: que o ser se nos destine e interpele, que nos exija para o desvelamento da sua verdade, que nos constitua como seres-para-a-verdade, tal não exclui (antes pressupõe) que a verdade se consume pelos acordos que entre si os homens estabelecem e pelas crenças que partilham. O momento da verdade do ser (se quisermos manter a sintonia heideggeriana) passa pelos homens que a acolhem, por um momento de crença na verdade, isto é, por um momento em que algo se estabelece ou é tomado como verdade. A verdade do ser necessita da deliberação humana, pois que o ser se destina, de sua iniciativa, é contudo, pela deliberação humana que esta destinação se consuma." (p. 41)

45 Linguagem
Os fundamentos para a abordagem heideggeriana da linguagem estão em (ST), §34, e em Heidegger (22).

46 Linguagem/falatório
Heidegger examina a fala impessoal através do seu conceito de "falatório" (ST), §35. Ver, na seqüência, os conceitos de "curiosidade" (§36) e "ambigüidade" (§37).

47 Palavra/plexo de referências
Ver em (ST), §18, pp. 132/133, o encadeamento dos conceitos de "compreensão", "referencialidade" e "linguagem".

48 Síntese
O conceito de síntese está em (ST), §7, item B, p. 63.

49 Síntese/fala/individualidade
O conceito de fala como momento de individualização dos falantes, ressaltando o conceito de "di-ferença", está em Heidegger (22), pp. 19 e 22.

50 A fala do outro
A "fala do outro" e o sentido do discurso aparecem descritos em Dias (14), p. 199, item 6.

51 Verdade/sentido partilhado
Consultar nota 44.

52 Verdade/não-mentira
Para esta visão da "verdade", v. Beaini (2), p. 48.

53 Fantasia
A palavra "Fantasia", aqui, está aplicada no sentido de realidade "não-concreta". De um ponto de vista fenomenológico, o encontro de João com a avó, a mãe e a namorada é tão "real" como o fato de ele estar no consultório, como já foi ressaltado.

54 Pai/"trauma paterno"
Uma abordagem fenomenológica instrutiva da significação de um possível "trauma" causado pelo comportamento do pai, encontra-se em Van den Berg (47), p. 96 e ss.

55 Plexo de referências
Consultar nota 47.
Ver também (ST), §27, o "impessoal".

56 Psicoterapia/"modelo médico"
Para uma crítica ao "modelo médico" em psicoterapia, consultar Boss (6), cap. 3.

57 Psicoterapia/momentos decisivos
Examinar o conceito de "'Kairós", como tempo qualitativo no processo de cura, em Ellenberger (20), p. 120, item 3.
Para uma bonita descrição desses momentos em psicoterapia, vamos acompanhar Laing (28), pp. 42 e 43: "É verdade que no empreendimento da psicoterapia existem regularidades, até mesmo estruturas institucionais, permeando a seqüência, ritmo e tempo da situação terapêutica vista como um processo, e elas podem e devem ser estudadas com objetividade científica. Mas os momentos realmente decisivos em psicoterapia, conforme todo paciente ou terapeuta que já os viveu sabe muito bem, são imprevisíveis, únicos, inesquecíveis, irrepetíveis e, com freqüência, indescritíveis. Isto significará que a psicoterapia deve ser um culto pseudo-esotérico? Não".

58 Cura/visão "a posteriori"
Essa passagem tem sua estrutura baseada numa afirmação de Merleau-Ponty (35), p. 311. Com pequenas mudanças, esse período é praticamente uma citação. O texto de Merleau-Ponty, por sua clareza descritiva, serviu de base para muitas das formulações desta seção.

59 Vivências/"costura de vivências"
A objeção ao enfoque da vida como "costura de vivências" encontra seu fundamento em (ST), §72, p. 178.

60 Suposto saber
Este termo, de origem lacaniana, é abordado por Bucher (9), p. 79.

61 Cuidado/cuidar da vida
O "cuidar da vida" aqui referido *inspira-se* no conceito de "Cuidado" desenvolvido em (ST), §41.
Para o mito que deu origem ao conceito, v. (ST), §42, p. 236.
Para uma discussão penetrante da alegoria do "Cuidado", v. Stein (45), cap. 5, pp. 79 e ss.
Uma referência poética ao conceito está em Cancello (10).

62 Neurose
Para uma concepção não-clássica da neurose, v. Van den Berg (49), pp. 48, 49 e 53.

63 Corpo e mundo
A abordagem de corpo e mundo aqui citada encontra-se em Van den Berg (47), p. 59.

64 Convivência
Consultar nota 31.
Para uma ampliação do tema v. Dichtchekenian (16).

65 Verdade/grupos sociais
Consultar a nota 44.

66 Operação verbal/teoria como "verdade"
Para um tratamento do tema, consultar Laing (29). O mesmo autor (28), p. 40, coloca de forma sintética o problema dos "modelos teóricos": "O grande perigo de pensar no homem em termos de analogia é que a analogia acaba sendo apresentada como uma homologia".

67 Depressão/medicação
O efeito das drogas antidepressivas e sua eficácia no tratamento das depressões estão descritos em Linden e Hanns (30), pp. 40 e ss, esp. pp. 53 e ss.

68 Depressão endógena
A definição de "depressão endógena" encontra-se nos manuais clássicos de psiquiatria. Para uma referência afim com os nossos pontos de vista, consultar Van den Berg (48), p. 112.

69 Visão biológica do homem
Uma visão do homem, de cunho predominantemente biológico, está no instigante livro de Changeux (11).

70 Riscos da interpretação
Os riscos inerentes à visão que o terapeuta possui sobre a "natureza humana" estão admiravelmente expostos em Von Gebsatell (50), 2.ª parte, cap. VIII, esp. p. 446.

71 Generalização em psicoterapia
Uma formulação interessante sobre *o que* se pode generalizar em psicoterapia é colocada por Laing (28), pp. 42 e 43. Consultar a nota 57.
Alguns adeptos da experimentação em psicologia, como Lazarus, Eysenck e outros, tentaram checar com "rigor científico" os resultados da psicoterapia. A discussão sobre essas tentativas foge ao objetivo deste texto. Os leitores interessados devem procurar as obras dos autores referidos para maior esclarecimento.

72 Doença e existência
A maneira peculiar de como a doença se constela na existência do indivíduo é sistematizada por Boss (4), pp. 14 e ss.
O mesmo autor dá um exemplo ilustrativo em (6), pp. 220 e ss.

73 Sexo/sacralidade
A sacralidade do sexo, aqui referida a título de contraste, para destacar a variedade da experiência humana nesse campo, está descrita na obra de Mircea Eliade. Para uma exposição sobre o par primordial Céu — Terra, v. (17), p. 41. Para a união sexual sagrada, v. (18), p. 172, e (19), p. 209.

74 Suposto equilíbrio/identificação com o terapeuta
Para uma discussão dos problemas advindos da visão idealizada que o cliente tem do terapeuta, consultar Bucher (9), pp. 112 e ss.

75 Escutar
Consultar nota 32.

76 Angústia
O fenômeno da "angústia" será aberto em (ST), no cap. 6, §39, p. 245, e tratado de forma mais extensa no §40. A definição que esboçamos aqui, é bom lembrar, destina-se ao propósito de pensar a prática psicoterápica.
As referências ao conceito de "angústia" na psicoterapia podem ser encontradas em Boss (5), pp. 26 e ss., e em Pompéia (39), p. 37 e pp. 43 e ss.
Loparic (31) faz à p. 21 uma breve mas ilustrativa alusão ao conceito, tal como o estamos expondo.

77 Culpa
A "culpa" é abordada em (ST) no §54 (v. nota 36). O assunto recebe outra luz no §58, com o conceito de "débito" (pp. 67 e 76). Para um enfoque da "culpa" no processo psicoterápico, v. Boss (5), pp. 28 ss., e Dias (14), pp. 216 e ss., esp. p. 220 e ss.

78 Passado e futuro/citações
A primeira frase dos filósofos é a conhecida asserção de Sartre; a segunda frase é uma formulação bastante parcial das palavras de Heidegger em (ST), §6, p. 48: "A pre-sença 'é' o seu passado no modo de **seu** ser, o que significa, *grosso* modo, que ela sempre 'acontece' a partir do seu futuro".

79 Identidade/"mesmidade"
Algumas indicações para a compreensão da permanência da identidade através do tempo estão em (ST), §72, esp. p. 178. Heidegger aborda o assunto de maneira mais direta em (25), p. 115. Para uma extensão do assunto, consultar Dichtchekenian (15), esp. pp. 124 e ss.

80 Si-mesmo
O conceito de "si-mesmo" está exposto em (ST), §64. Os conceitos seguintes, necessários para a compreensão mais aprofundada desta página, já foram tratados em outras notas. São os conceitos de "vivência" (nota 59), "angústia" (nota 76) e "culpa" (nota 77).

81 Morte
Consultar nota 24.
Consultar também Valentini (46),p. 26.

82 Indivíduo/comportamento social
Consultar nota 31.

83 Comportamento/modo "natural" de ser
A teorização a respeito do que o indivíduo considera "natural" baseia-se no caráter "prévio" da interpretação. Ver (ST), §32, p. 206 e ss. Há uma breve passagem no §71 de (ST), p. 174, que fornece material para uma reflexão sobre o tema. Merleau-Ponty (36), esp. pp. 377 e ss., fornece subsídios para pensar o "natural".

84 Cura/modelo médico
Consultar nota 56

85 Morte
Consultar notas 24 e 76.

86 Sentido da vida/perguntas
Para melhor apreciar os dois primeiros parágrafos desta página, v. (ST), §2, esp. p. 33.

87 Essência e existência
Heidegger aborda os conceitos de "essência" e "existência" inicialmente em (ST), §4, p. 39.
O conceito de "existência" apresentado em nosso texto é bastante simplificado. Para uma compreensão mais imediata, abordamos o assunto por um viés antropológico. Uma crítica a este modo de apresentar o assunto pode se basear numa passagem de (ST), §75, pp. 196 e 197.

88 Indivíduo/percepção da singularidade
Para um tratamento poético do tema, v. Cancello (10).

89 Realidade/separação sujeito — objeto
O problema da "realidade" é discutido em (ST), §43. Boss (8) discute resumidamente a questão "sujeito — objeto" (pp. 29 e ss.).

90 Linguagem/como "ferramenta"
A crítica ao conceito de linguagem como "ferramenta para interpretar a realidade" está em Heidegger (23), pp. 40 e ss.

91 Autenticidade
Para o "reencontrar de modo autêntico" o que foi abandonado no impessoal, tomamos por base (ST), §68, p. 137.

92 Construção do personagem
A construção do personagem João foi inspirada no procedimento de Van den Berg (47). Na página 8 de seu livro (no início, portanto), ele declara: "O paciente, cujos males aqui se descrevem, existe e não existe. Não existe no sentido de que o paciente descrito seja um indivíduo identificável pelas queixas aqui relatadas; existe, sim, enquanto as suas queixas pertencem a uma só classe de paciente. Conheço esse paciente: encontro-o em cada um dos meus enfermos".

Bibliografia

(1) Ariès, Philippe. *História da Morte no Ocidente*. Livraria Francisco Alves Ed. S/A. Rio de Janeiro, 1977.

(2) Beaini, Thaís Curi. *A Escuta do Silêncio*. Cortez Ed./Autores Associados. São Paulo, 1981.

(3) Beaini, Thaís Curi. *Heidegger: arte como cultivo do inaparente*. EDUSP / Nova Stela Editorial Ltda. São Paulo, 1986.

(4) Boss, Medard. "Análise Existencial — Daseinanalyse", in *Daseinanalyse* n.º 2, revista da Associação Brasileira de Análise e Terapia Existencial. São Paulo, 1976.

(5) Boss, Medard. *Angústia, Culpa e Libertação*. Livraria Duas Cidades. São Paulo, 1975.

(6) Boss, Medard. *Existencial Foundations of Medicine and Psychology*. Janson Aronson. Nova York, 1979.

(7) Boss, Medard. *Na noite passada eu sonhei...* Summus Editorial. São Paulo, 1979.

(8) Boss, Medard. "Pensamentos a respeito do trabalho de Valéria Gamper 'Os reconhecereis pela fala' ", in *Daseinanalyse*, n.º 7, revista da Associação Brasileira de Daseinanalyse. S. Paulo, 1989.

(9) Bucher, Richard. *A Psicoterapia pela Fala*. E.P.U. — Ed. Pedagógica e Universitária. São Paulo, 1989.

(10) Cancello, Luiz A. G. "A Quebra e a Cara", in revista *Artéria*, publ. da Secretaria da Cultura de Santos. Santos, 1990.

(11) Changeux, Jean Pierre. *O Homem Neuronal*. Publicações D. Quixote. Lisboa, 1985.

(12) Critelli, Dulce Mara. "O des-enraizamento da existência", in Dichtchekenian, M. Fernanda (org.), *Vida e Morte — ensaios fenomenológicos*. Companhia Ilimitada. São Paulo, 1988.

(13) Cytrynovicz, David. "Abordagem Fenomenológica dos Sonhos — II" in *Daseinanalyse*, n.º 6, revista da Associação Brasileira de Daseinanalyse. S. Paulo, 1985.

(14) Dias, Elsa Oliveira. "Ser e Tempo em Augusto Matraga: Veredas de Hora e Vez", dissertação de tese de mestrado em Filosofia — PUCSP. (Mímeo.) S. Paulo, 1984.

(15) Dichtchekenian, M. Fernanda. "A Psicologia em Husserl: um Caminho para uma Psicologia Transcendental", in Forghieri, Yolanda C. (org.), *Fenomenologia e Psicologia*. Cortez Ed./Ed. Autores Associados. São Paulo, 1984.

(16) Dichtchekenian, M. Fernanda. "Alienação e Solidão: Caminho Existencial", in Dichtchekenian, M. Fernanda (org.), *Vida e Morte — ensaios fenomenológicos*. Companhia Ilimitada. São Paulo, 1988.

(17) Eliade, Mircea. *El Mito del Eterno Retorno*. Alianza Editorial. Madrid, 1972.

(18) Eliade, Mircea. *Patañjali et le Yoga*. Éditions du Seuil. Bourges, 1962.

(19) Eliade, Mircea. *Traité d'Histoire des Religions*. Ed. Payot. Paris, 1970.

(20) Ellenberger, Henri F. "A Clinical Introduction to Psychiatric Phenomenology and Existencial Analysis", in May Rollo (ed.), *Existence — a new dimension in Psychiatry and Psychology*, Basic Books, Inc. Nova York, 1958.

(21) Gracio, Rui Alexandre. "Fenomenologia, Metafísica e Hermenêutica", in *Caderno de Filosofias*, publ. Associação de Professores de Filosofia Coimbra. 1990.

(22) Heidegger, Martin. "Linguagem", in *Daseinanalyse*, n.º 7, revista da Associação Brasileira de Daseinanalyse. São Paulo, 1989.

(23) Heidegger, Martin. *Que é isto — a filosofia*? Liv. Duas Cidades. São Paulo, 1971.

(24) Heidegger, Martin. *Ser e Tempo* — 2 vols. Ed. Vozes. Petrópolis, 1988.

(25) Heidegger, Martin. "Sobre a essência do fundamento" in *Conferências e artigos escolhidos* (seleção e notas de Ernildo Stein). Ed. Abril Cultural, Col. "Os Pensadores". São Paulo, 1979.

(26) Hillman, James. *Estudos de Psicologia Arquetípica*. Ed. Achiamé. Rio de Janeiro, 1981.

(27) Lacan, Jacques. *Escritos* — Vol. I. Siglo Veinteuno Editores, 15.ª ed. México, 1989.

(28) Laing, Ronald David. *A Política da Experiência e a Ave-do-Paraíso*. Ed. Vozes. Petrópolis, 1974.
(29) Laing, Ronald David. *Fatos da Vida*. Ed. Nova Fronteira. Rio de Janeiro, 1982.
(30) Linden, M. — Hanns, M. *Psicofarmacologia para Psicólogos*. E.P.U. — Ed. Pedagógica e Universitária. São Paulo, 1980.
(31) Loparic, Zejco. "A Fenomenologia do Agir em Sein un Zeit", in *Daseinanalyse*, n? 5, revista da Associação Brasileira de Análise e Terapia Existencial. São Paulo, 1982.
(32) May, Rollo. "Eros e Repressão". Ed. Vozes Ltda. Petrópolis, 1973.
(33) May, Rollo. "Fundamentos Existenciais de Psicoterapia", in May, Rollo (org.), *Psicologia Existencial*. Ed. Globo. Porto Alegre, 1974.
(34) May, Rollo. *Psicologia e Dilema Humano*. Zahar Editores. Rio de Janeiro, 1973.
(35) Merleau-Ponty, Maurice. "A Dúvida de Cézanne", in *Textos escolhidos*, seleção de Marilena Chauí.Ed. Abril Cultural — Col. "Os Pensadores". São Paulo, 1975.
(36) Merleau-Ponty, Maurice. "O Metafísico no Homem", in *Textos Escolhidos*, seleção de Marilena Chauí. Ed. Abril Cultural — Col. "Os Pensadores". São Paulo, 1975.
(37) Mora, José Ferrater. *Dicionário de Filosofia*. Publicações D. Quixote. Lisboa, 1982.
(38) Muchail, Salma Tannus. "Heidegger e os Pré-Socráticos", in Martins, Joel e Dichtchekenian, M. Fernanda. *Temas Fundamentais de Fenomenologia*. Ed. Cortez. São Paulo, 1984.
(39) Pompéia, João Augusto. "A Análise Existencial: Alguns Fundamentos", in Porchat, Ieda (org.), *As psicoterapias hoje — algumas abordagens*. Summus Editorial. São Paulo, 1982.
(40) Pompéia, João Augusto. "Psicoterapia e Verdade" in *Daseinanalyse*, n? 4, revista da Associação Brasileira de Análise e Terapia Existencial. São Paulo, 1978.
(41) Porchat, Ieda. "As Psicoterapias Hoje: Pontos de Encontro e Divergências", in Porchat, Ieda (org.), *As Psicoterapias Hoje — algumas abordagens*. Summus Editorial. São Paulo, 1982.
(42) Saussure,Ferdinand de. *Curso de Lingüística Geral*. Ed. Cultrix. São Paulo, 2ª ed., 1970.
(43) Spanoudis, Solon. "Abordagem Fenomenológica dos Sonhos — I", in *Daseinanalyse*, n? 6, revista da Associação Brasileira de Daseinanalyse. S. Paulo, 1985.
(44) Stein, Ernildo. "Mudança de Paradigma na Filosofia", in Forghieri,

Yolanda C. (org.), *Fenomenologia e Psicologia*. Cortez Ed./Ed. Autores Associados. São Paulo, 1984.
(45) Stein, Ernildo. *Seis Estudos sobre Ser e Tempo*. Ed. Vozes. Petrópolis, 1988.
(46) Valentini, Luigino. "Husserl: o acesso ao mundo da vida", in Dichtechekenian, M. Fernanda (org.), *Vida e Morte — ensaios fenomenológicos*. Companhia Ilimitada. São Paulo, 1988.
(47) Van den Berg, J. H. *O Paciente Psiquiátrico*. Ed. Mestre Jou. São Paulo, 1981.
(48) Van den Berg, J. H. *Pequena Psiquiatria*. Ed. Mestre Jou. São Paulo, 1978.
(49) Van den Berg, J. H. *Psicologia Profunda*. Ed. Mestre Jou. São Paulo, 1980.
(50) Von Gebsatell, V. F. *Antropologia Médica*. Ediciones Rialp. Madrid, 1976.
(51) Watts, Alan W. *Psicoterapia Oriental e Ocidental*. Distribuidora Record. Rio de Janeiro, s/d, ed. orig. 1961.
(52) Zaro, Barach, Nedelman, Dreiblatt. *Introdução à Prática Psicoterapêutica*. E.P.U./EDUSP. São Paulo, 1980.

leia também

ATRAVESSANDO
Passagens em Psicoterapia
Richard Bandler e John Grinder

Este livro estabelece a correlação entre a programação neurolingüística e a estrutura da hipnose, transformando a "magia" dos estados alterados num grande número de princípios e técnicas específicas visando modificação de comportamento. Os autores mostram assim como utilizar tais estados na busca de uma mudança pessoal, profunda, produtiva e evolucionária.

REF. 10179   ISBN 85-323-0179-7

BIOENERGÉTICA
Alexander Lowen

A Bioenergética é uma técnica terapêutica que ajuda o indivíduo a reencontrar-se com o seu corpo e a tirar o mais alto grau de proveito possível da vida que há nele. Inclui as mais elementares funções básicas como a respiração, o movimento, o sentimento e a auto-expressão, até chegar à sexualidade.

REF. 10141   ISBN 85-323-0141-X

DESCOBRINDO CRIANÇAS
A Abordagem Gestáltica com Crianças e Adolescentes
Violet Oaklander

As crianças falam de si mesmas a partir de sua experiência. A autora desenvolve um sério estudo sobre o crescimento infantil com métodos originais e flexíveis. Um livro para todos que trabalham com crianças e buscam uma nova visão para entender e abordar o mundo infantil numa relação de afeto e respeito.

REF. 10112   ISBN 85-323-0112-6

SER TERAPEUTA
Depoimentos
Edição revista
Ieda Porchat e Paulo Barros (orgs.)

Esta nova edição do clássico organizado por Ieda Porchat e Paulo Barros mostra que a obra continua mais atual que nunca. Por meio de conversas e entrevistas com psicoterapeutas militantes, estudantes e profissionais entram em contato com depoimentos vivos, válidos e ricos sobre a intimidade do terapeuta – seus conflitos e desenganos, suas lutas e realizações.

REF. 10322   ISBN 85-323-0322-